KB083302

이게 뭐라고 이렇게 재밌지?

이게 뭐라고

이렇게 재밌지?

최은경 지음

열두 살

열두 달

학교 이야기

서유재

차례

마음을 건네도 괜찮아

**곁에
있는다는
것**

마음을
건네도
괜찮아

2월

#봄

#마중

#새학기

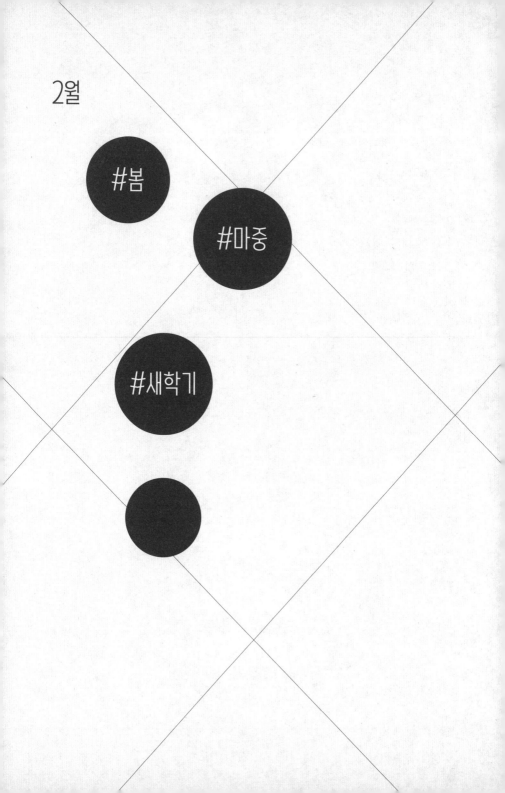

사춘기라고 싸잡아 이야기할 수 없는 열두 살
아이들. 그들의 몸과 마음은 큰 변화의 순간을
맞는다. 열두 살은 사춘기에 접어들고 2차 성징을
겪는데 개인차가 심하다. 몸의 성장 속도가
제각기 다르다. 여자아이들은 생리를 시작하고
남자아이들은 변성기를 맞는다. 이런 신체 변화에
적응하는 것이 서툴다.

교실
마중

드디어 교실로 간다. 2년간 했던 업무전담을 벗어나 담임이 되었다. 지난 1월 졸업식을 마치고 책과 짐을 교실로 옮겼다. 1층에 있던 짐을 수레에 싣고 3층 실습실과 도서관을 지나 모퉁이를 돌면 세 번째 교실. 바로 5학년 1반이다.

코로나 이후 교실이 변했다. 공기청정기가 들어오더니 공기순환기가 기계음을 내며 작동하고 있다. 쉬는 시간엔 창문을 열어 환기해야 한다. 안전하고 깨끗한 교실이 우선이다. 하지만 교실은 아이들이 세상과 만나는 장소이자 친구들과 더불어 생애 단 한 번뿐인 열두 살로 살아가는 공간이다.

어떻게 하면 아이들이 편안하게 지낼 수 있을까?

즐겁게 배우고 가르칠 수 있을까?

공책에 배치도를 그려 가며 뭘 넣을지 꼼꼼하게 적었다.

우선 교실이 따뜻하고 편안하면 좋겠다. 서로의 말에 귀 기울일 수 있는 자리 배치를 생각해 보았다. 컴퓨터가 칠판을 가리지 않도록 옮겼다. 아이들과 눈높이를 맞추기 위해 나도 학생용 책걸상을 이용하기로 했다.

다니엘 페나크는 "'읽다'라는 동사에는 명령법이 먹혀들지 않는다. 이를테면 '사랑한다'라든가 '꿈꾸다' 같은 동사들처럼, '읽다'라는 명령문에 거부 반응을 일으키는 것이다"* 라고 했다. 그는 읽는다는 것은 생각하는 것, 즉 독자가 스스로 하고자 해야 '읽다'라는 행위가 성립된다고 했다. 학교에 온 아이들이 책과 만나 '읽기'의 재미를 발견하고 한껏 느낄 수 있으면 좋겠다.

우선 큰 책장을 얻어 동화와 그림책, 시집을 나누어 꽂았다. 동화책은 저·중·고학년과 읽기 단계로 나누었다. 아이마다 읽기 능력이 차이가 있으니 모든 학년용 책이 골고루 있으면 좋다. 시리즈물은 한곳에 모아 순서를 맞추어 놓았다. 200권 넘는 시집도 가지런히 정리했다. 어른이 쓴 동시집은 출판사별로 나누고 어린이시집은 가장 잘 보이는 곳에 두었다. 좋은 시를 읽고 마음을 나누는 시간을 꿈꾼다. 정갈한 모국어의 아름다움을 느끼고 시가 이야기하는 세상에서 오래 머물러 힘들고 상처 입은 마음이 위로받기를 바란다. 또 유쾌한 시 한 편이 노래가 되어 교실 천장을 뚫고 나가는 호쾌한 시간도 상상해 본다. 그림책은 주제별로 나누어 꽂았다. '민주주의, 배려, 자아, 인권, 가족, 연대, 평화'를 우선 뽑아 보았다. 5학년쯤 되면 좋아하는 작가도 생기게 되니 작가별로 책을 모아 둔 곳도 만들고

---

* 　『소설처럼』(다니엘 페나크, 이정임 옮김, 문학과지성사, 2004).

싶다. 창가 쪽으로는 학습준비물을 활용하기 좋게 정리했다.

오후에 지킴이 선생님이 오셔서 손을 보태 주셨다. 창틀이며 청소함, 책상 의자까지 골고루 다 닦아 주셨다. 교사 책상과 책장은 대강 정리했다. 책장은 교육학, 문학, 민주시민, 기타로 나누어 정리할 것이다. 가장 가까이에 교사용 배움 공책과 수업에 관한 다양한 책들, 급하게 쓸 사무용품, 화분과 찻잔도 가지런히 놓았다. 최근에 목과 허리가 부실해져 컴퓨터 받침대를 활용해 서서 작업할 수 있게 했다.

얼추 정리를 끝낸 후, 창문을 닫고 잠시 눈을 감으니 고요함이 밀려온다. 시 공책을 꺼내고 성명진 동시 「밤길 위」*를 소리 내어 읽었다.

시는 '점 하나가 오고 있다'로 시작된다. 작은 점 하나가 오고 있고 동네 앞에도 작은 점 하나가 서 있다. 두 점이 점점 가까워지면서 '상우냐', '예, 아버지' 하는 말소리가 차례로 들린다. 서로 만난 두 점은 한 점이 다른 한 점에 안겨서 큰 점 하나가 되어 함께 집으로 간다는 내용이다. 따뜻하고 포근한 시다. 읽을 때마다 새롭다.

'점' 하고 소리를 내면 '잠, 밤, 맘'을 소리 낼 때처럼 몸이 울린다. 몸이 울리면 마음이 출렁인다. 점이 춤추는 걸 상상해 본다.

나도 상우 아버지처럼 5학년 아이들을 마중하는 점이 되고 싶다. 나보다 먼저 교실에 온 아이가 나를 기다리는 어느 날에는 그 작은 점과 함께 한 점이 되어 아침을 열고 싶다. 이윽고 교실 한가득 차오른, 눈에 보이지 않는 아름다움을 느끼고 싶다. 그렇게 함께 만들어 가는 시공간이 되길

---

* 『축구부에 들고 싶다』(성명진, 창비, 2011).

소망한다.

3월에 만날 아이들과 교실을 생각하니 두근두근 마음이 들뜬다.

이제 5학년 열두 달 이야기가 시작되려는 참이다.

서툴지만
새롭게 해
봄

개교한 지 120년이 넘은 우리 학교는 10년차 혁신학교다. 상시활동과 특별활동, 탐구와 체험, 놀이, 생태교육과 독서교육이 학년별 연계성을 가지고 탄탄하게 운영되고 있다. 하지만 코로나는 이 모든 과정을 다시 보게 했다. 대면 수업뿐 아니라 디지털에 기반한 교육과정 운영을 모색하고 실천해야 한다. 그 무엇보다 아이들에 대한 성찰이 필요했다.

코로나는 아이들의 삶도 바꾸어 놓았다. 일정하게 등하교를 하며 시간과 장소 그리고 삶의 규칙을 몸으로 익히고, 학교와 마을에서 친구와 선후배를 만나 관계를 배운다. 그 과정을 생략당한 아이들은 등교를 낯설어하고 관계 맺기를 힘들어했다.

이런 아이들의 변화를 교과서나 국가 교육과정은 담아내지 못한다. 오로지 가르칠 교과와 지식과 활동만 있을 뿐 아이들에 대한 기록은 없다. 교육의 주체라 불리는 어린이는 있지만 없는, 지워진 존재이다. 이들에 대한 성찰과 고민은 오롯이 학교와 교사 몫이다.

그래서 모였다. 담임과 전담교사, 특수학급 담당 교사까지. 올해 처음 만난 분도 계시고 여러 해 동안 함께 지낸 이도 있다.

우리는 먼저 '열두 살은 과연 어떤 존재인가?'를 묻고 답했다.

사춘기라고 싸잡아 이야기할 수 없는 열두 살 아이들. 그들의 몸과 마음은 큰 변화의 순간을 맞는다. 열두 살은 사춘기에 접어들고 2차 성징을 겪는데 개인차가 심하다. 몸의 성장 속도가 제각기 다르다. 여자아이들은 생리를 시작하고 남자아이들은 변성기를 맞는다. 이런 신체 변화에 적응하는 것이 서툴다. 이때부터 남녀간 운동 능력의 차이가 두드러진다. 운동장은 주로 남자아이들 차지가 된다. 작은 키와 뚱뚱한 몸은 별명이 되어 아이들을 괴롭히고 싸움과 갈등의 원인이 된다.

여자아이들은 치마나 예쁜 옷을 입는 것을 유치하게 여기지만 유행에 민감하다. 작은 일로도 화를 잘 내고 감정 조절을 어려워한다. 친구의 말이 기분 나쁘다는 이유로 갑자기 화를 내거나 교실 밖으로 뛰쳐나가기도 한다.

남자아이들은 힘을 과시하고 서열이 정해진다. 여자아이들의 갈등은 밖으로 잘 드러나지 않지만, 관계 형성에 예민하다. 이성에 대한 관심이 높아지고, 좋아하는 마음을 적극적으로 표현한다. 같은 반이나 학년에서 커플이 되고 사귄다. 기념일을 중요하게 생각하고 잘 챙긴다.

학습에서는 교과목과 수업 양이 늘고 6교시를 해서 힘들어한다. 수학 교과에 대한 부담이 커지는데, 부모들은 직접 가르쳐 주던 공부에 한계를 느끼고 과외를 시키거나 학원을 보내기 시작한다. 자존심이 강하고 사회적인 이슈에 민감하며 정의감이 높다. 토의와 토론에 적극적으로 참여한다. 자신의 주장에 대한 근거를 가지고 설득력 있게 말하는 능력이 부쩍 자라는 시기이다.

평소 생활하며 6학년 선배들을 많이 의식하는데 '튀는 옷을 입으면 찍힌다, 인사를 안 하면 따돌림을 당한다'며 선배들에 대한 불안감이 커진다. 엄마의 말을 무시하거나 말대꾸를 하고 불만을 제기한다. 편을 갈라 싸우는 경우가 생기는데 온라인 게임을 하거나 채팅방에서 있었던 일을 가지고 학교에 와서 다시 싸우는 경우가 허다하다.

아이들 이야기를 하다 보니 어느 틈엔가 어릴 적 자신의 이야기를 하게 되었다.

작고 왜소했던 아이는 학교가 두려웠다. 날마다 호통치는 선생님, 틀린 수만큼 손바닥을 맞아야 했고, 숙제를 안 해 가면 벌로 청소를 했다. 체육 시간 선착순 달리기가 얼마나 힘들었던지 가끔 꿈에서도 운동장을 뺑뺑 도는 꿈을 꾼다고 했다. 무엇보다 서로 다르게 사는 걸 인정하지 못하고 잘사는 친구를 보면 위축감을 느꼈던 어린 시절의 자신을 떠올렸다. 상처받은 내면아이를 이야기하며 서로를 위로했다.

우리가 만날 아이들도 다르지 않을 것이다. 낯선 학교에서 어려운 공부를 하지만, 내 맘을 알아주는 친구가 있어 설레고 기대하는 마음으로 학교에 오지 않을까.

두 번째 질문은 '어떤 아이로 자라길 바라나?'였다. 이 질문은 교육은 어떤 목적을 지녀야 하는가, 또 무엇에 힘써야 하는가를 찾는 것이다. 스스로 독립하며 혼자 힘으로 살아갈 수 있는 사람, 자기 생각을 제때 제대로 말할 수 있는 사람, 감정 조절을 할 수 있는 사람, 성취의 기쁨을 느끼며 존중과 나눔을 실천하는 사람, 더불어 살아가는 사람, 행복과 연대를 느끼며 만들어 가는 사람, 이를 합쳐 존중과 자율과 연대의 가치를 배우고 익히는 사람, 즉 민주 시민으로 자라는 목표가 만들어졌다.

오후에는 5학년 교육과정과 수업, 이에 따른 평가와 피드백을 의논했다. 수업은 상시활동과 특별활동을 체험, 탐구, 표현, 세 영역으로 나누어 중점 활동을 정했다. 특히 도덕과 사회에서 '인권'을 처음 배우기 때문에 권리와 의무, 공동체와 개인의 책무 등 인문학적 상상력과 민주적 시민성을 기르는 공부가 중요하다. '민주주의와 자치', '인권과 생명권', '노동과 정의', '평화와 안전', '미디어', '연대'를 주제로 재구성하였다.

원격 교육에 필요한 디지털 수업도구와 수업방법을 의논했다. 수업자료는 공유 드라이브에 모아 활용하기로 했다. 한 해의 마무리로는 학급문집과 학급앨범, 마무리 잔치에 대한 의견이 나왔다.

수다처럼 이어지는 이야기들. 처음 만난 사이인데 오래 알던 이들처럼 편안했다. 동료 선생님들의 선한 기운에 힘을 받았다. 천천히 하자. 오늘 할 일을 내일로 미루자. 회의는 짧게 수다는 즐겁게. 교사를 위한 복지를 요구하자. 맛있는 간식과 먹거리는 필수.

누가 시키지 않았는데 모이고 질문하며 해답을 찾았다.

"서툴지만 함께하고 싶어요."

이제 3월이 와도 괜찮다. 모여서 이야기할 동료가 있으니. 코로나 상황이지만 '쫄지' 않고, 무엇을 하든 방역 때문에 접지 않을 자신이 생겼다. 아이들을 중심에 둔 그 마음을 등불 삼아 살아가야지. 새봄, 함께 새로 해 봄의 시작이다.

3월

#첫만남

#학급약속

#어스아워

학교가 달라졌다. 단순히 공부하고 평가받는
곳이 아니다. 아이들 말처럼 혼자가 아니라
친구를 사귀고 기쁨과 슬픔을 함께 나누며 세상과
연결되어 있다는 것을 배우는 곳이다. 나는
누구인가? 행복한 삶이란 무엇인가? 삶을 가꾸는
공부는 어떻게 할까? 우리는 어떤 사람으로 자라길
바라는가? 함께 질문하고 서로의 이야기에 귀를
기울여 해답을 찾아가는 공간이다.

만나서
반갑습니다

7시 30분, 교실에 도착하자마자 창문을 열어 환기부터 시킨 후 온풍기를 켰다. 교실이 따뜻하게 덥혀지는 동안 수업 준비물을 확인하며 아이들을 기다렸다.

세정제로 손을 닦은 아이 둘이 교실로 들어왔다.

"안녕하세요? 여기가 5학년 1반이죠?"

"네, 어서 오세요."

인사를 한 아이들이 칠판을 보더니 어깨를 으쓱했다. 천천히 눈으로 읽고 책상으로 향했다.

반갑습니다.

5학년 1반으로 만나게 되어 참 기쁩니다.

책상 위에 놓인 시집을 보고 마음에 드는 곳에 앉으세요.

그리고 다음 활동을 해 봅시다.

-시집 제목 보고 상상하기.

-마음에 든 시 세 편을 찾아 붙임종이 붙이기.

-마음에 든 낱말이나 문장 하나 찾기.

교실로 온 아이들이 시집을 골라 하나둘 자리에 앉았다. 22명이 모이니 교실이 가득하다. 한 명 한 명 이름을 불렀다. 목소리를 듣고 직접 보니 참 좋다. 내 소개부터 하겠다고 말한 뒤 칠판에 '괜찮은 최은경샘'이라 쓰고 연이어 '민들레', '달팽이', '시와 동화', '4, 10,000'라고 적었다. 다섯 고개 질문. 민들레와 달팽이, 시와 동화는 한 번에 맞혔다. 모두 좋아하는 것으로 통했다. '4와 10,000'은 다섯 고개를 넘어 버렸다. 만 살, 만 보, 4일에 만 원. 모두 아니라고 하자 아이들이 답을 알려 달라고 했다. '하루 4시간씩 10,000시간 공부'라고 했다. 왜요? 굳이 10,000시간이나? 이해할 수 없다는 반응이다. '괜찮은 선생님'이 되고 싶어서라는 말에 고개를 끄덕이는 아이들.

내 소개를 마치고 삼각대 모양으로 이름표 만들기를 했다. 앞쪽은 자기 이름을 쓰고 뒤쪽엔 오늘 아침 시집에서 찾은 낱말을 썼다. 완성된 이름표를 책상 위에 붙였다. 교실을 천천히 둘러보며 친구들이 쓴 이름표에서 궁금한 점을 찾아 붙임종이에 써서 나누어 보았다.

아이들이 오늘 아침 시집에서 찾은 낱말은 신기하고 엉뚱하고 재미있었다.

'늦잠', '월요일'과 '토요일', '혼자 있는 시간', '철봉', '하나 되기', '나

는 보라', '빵 생각', '열두 살 사춘기', '첫 만남', '비밀' 등. 낱말을 고른 데
도 다 이유가 있었다.

아침엔 '늦잠'이 국룰. 월요일이지만 마음만은 '토요일'로. 엄마 잔소
리 없이 '혼자 있는 시간'은 천국이다. 천국은 할아버지 집. 마음껏 게임
을 할 수 있으니까. '철봉' 옆에서 닮은 친구를 만난 건 좋은 일이다. 축구
의 맛을 알려면 '하나 되기' 읽어 보삼. 나도 보라를 좋아하니까 '나는 보
라', 아침에 빵을 먹고 와서 '빵 생각', 나랑 닮은 '열두 살 사춘기', 오늘이
바로 5학년 1반의 '첫 만남', '비밀'을 나누는 친구가 필요해. '놀이터', '짝
꿍', '풀잎', '달팽이', '빗방울'은 모두 3월과 어울리거나 좋아하는 낱말이
었다.

아이들이 고른 시는 수요일 아침 시 맛보기에서 같이 읽기로 했다. 중
간활동 30분은 강당에 가서 놀았다. 첫날이라 어색했지만 놀고 난 아이
들 얼굴이 환했다.

국어 시간에 그림책『민들레는 민들레』*를 읽었다.

'그림이 우리 동네랑 닮았다.'

'벽 틈 속에 핀 민들레를 본 적 있다.'

'집 앞 공터에서 아빠를 기다리다 벽 사이에 핀 민들레를 보았다.'

'민들레를 자세히 보고 싶다.'

'왜 민들레는 민들레인지 알겠다.'

스스럼없이 말하는 아이들이 있어 첫날 수업이 풍성해졌다. 이어서

---

* 　　『민들레는 민들레』(김장성 글, 오현경 그림, 이야기꽃, 2014).

'찾아라! 우리 반 친구' 놀이를 했다.

"우리는 모두 민들레처럼 5학년 1반으로 날아왔어요. 어떤 친구들이 왔나 찾아봅시다."

운동을 잘할 것 같은 친구, 같은 달이 생일인 친구, 청바지를 입은 친구, 동생이 있는 친구, 언니 오빠가 있는 친구, 나보다 키가 큰 친구, 옷에 빨간색이 있는 친구 등 22가지 항목에 맞는 친구를 찾아 빙고 판에 이름을 적어 완성했다.

활동을 마치고 두 줄 글쓰기로 수업을 마무리했다.

- 우리 반은 책도 많고 예쁘다. 선생님도 재미있고 수업도 재밌는데 좋은 친구가 많은 게 제일 좋다.
- 학교에 가는 첫날이라 무척 긴장됐지만 즐거웠다. 그리고 친구들을 만나서 좋았다.
- 새로운 친구들과 함께여서 좋았다. 우리 반을 민들레 반이라고 하면 좋겠다.
- 처음엔 좀 어색했지만, 선생님이 재미있으셔서 시간이 지날수록 어색한 게 풀리고 친근한 느낌이 들었다. 학교에서 친구 찾는 게임이 가장 신났던 거 같다.
- 오랜만에 학교에 가는 거라 적응도 늦었고 어색했지만, 친구들 이름도 알고 여러 시집도 읽어서 정말 재미있었다.
- 힘들고 재밌고 배고프고 졸리고 그런데 설레고. 갑자기 등산이 하고 싶어졌다.

-학교에 와서 친구들과 게임도 같이하고 놀고 혼자 집에 있는 것보다 학교에 오랜만에 와서 재미있었다. 빙고가 재미있었다.

학교가 달라졌다. 단순히 공부하고 평가받는 곳이 아니다. 아이들 말처럼 혼자가 아니라 친구를 사귀고 기쁨과 슬픔을 함께 나누며 세상과 연결되어 있다는 것을 배우는 곳이다. 나는 누구인가? 행복한 삶이란 무엇인가? 삶을 가꾸는 공부는 어떻게 할까? 우리는 어떤 사람으로 자라길 바라는가? 함께 질문하고 서로의 이야기에 귀를 기울여 해답을 찾아가는 공간이다.

헤어질 때 인사를 "잘 배웠습니다"로 정했다. 마스크를 쓰고 있지만 모두 웃는 얼굴이다. 교실을 나갔던 아이들 몇이 다시 와서 말했다.

"첫날인데 수고 많으셨어요. 고맙습니다."

"4학년 때 양샘이 은경샘 좋은 분이라고 했어요. 내일 만나요."

"은경샘이랑 한 반이 돼서 오빠가 더 좋아해요."

다정한 말들로 마음이 환해졌다.

오후에 수업 자료를 만들고 아이들과 학부모를 온라인 교실로 초대했다. 5~6학년 교사들이 모여 공동 수업을 의논했다. 일하다 보니 밖이 어둑해졌다. 낯설고 어색한 첫날을 잘 보낸 우리에게 고맙다는 마음을 담아 아침 편지를 썼다. 내일도 오늘처럼 반갑게 만나야지.

진정한
열두 살

초등학교 6년, 여덟 살부터 열세 살은 아이들 인생에서 어마어마하게 중요한 시간이다. 그동안 학교는 무엇을 해야 할까.

'배우고 성장하며 참삶을 가꾸는 행복한 어린이'가 우리 학교 교육 비전이다. '어린이'라는 말은 '한 아이'를 뜻하기도 하고 '전교생'이기도 하다. 아이들은 교사들이 정한 이 말을 어떻게 생각할까. 좋은 말이기만 하면 소용없다. 그 말이 삶으로 이어져야 한다. 자기 말이 담긴 목표를 세워야 한다. 자신을 어떻게 생각하는지 알아보는 공부가 필요하다.

우리 학년은 시민교육 중심의 주제통합 프로젝트 수업을 계획했다. 그 첫머리에 '진정한 열두 살' 프로젝트가 있다. 스스로 질문한다.

나는 누구인가? 무엇을 할 수 있나? 우리는 행복한가?

먼저 그림책 『진정한 일곱 살』*을 읽고 '진정한 열두 살'을 생각해 보았다.

하지만 진짜 진짜 진짜 진정한 일곱 살은요, 혼자 잘 수 있어야 해요.

"엄마 아빠! 안녕히 주무세요!"

"그래, 너도 잘 자렴!"

이 대목에서 아이들 말문이 터졌다. 일곱 살 때 혼자 잘 수 없었던 이야기가 이어졌다. 집 형편이 별로 좋지 않아 방이 하나밖에 없었다고 한다. 지금도 썩 좋진 않다고 했다. 할머니랑 같이 자는 아이도 있고 형이나 누나가 공부해야 해서 방을 비워 줘야 하는 아이도 있다. 선생님도 혼자 잤냐 물어서 나도 할아버지, 할머니랑 같이 살았고 할머니와 동생이랑 같이 잤다고. 식구가 많아서 내 방은 꿈도 못 꾸었다고 했다. 우리는 혼자 자면 귀신 생각이 나서 무서우니까 다 좋은 건 아니라고 위로했다. 혼자 잘 수 있다는 게 용기도 되지만, 누군가에겐 나만의 방을 갖고 싶은 꿈이 될 수도 있다.

지금의 나를 생각해 보았다. 할 수 있는 것과 가지고 있는 것 그리고 알고 있는 것에 관해 이야기를 나누었다.

할 수 있는 것은 '음식 만들기'와 '자전거 타기'가 가장 많았다. 라면 끓이기, 달걀말이와 찜, 주먹밥, 떡볶이, 고구마 맛탕까지 만드는 방법을 소개했다. 온라인 수업으로 혼자 있는 시간이 많아져 요리 솜씨가 늘었다고 했다. 반려동물 키우기와 동생 돌보기, 태권도와 음악 줄넘기, 악기 연주도 있다. 가지고 있는 것은 다양하다. 핸드폰, 닌텐도, 책, 일기장, 인형,

---

*   『진정한 일곱 살』(허은미 글, 오정택 그림, 만만한책방, 2017).

롤러블레이드, 운동 기구, 자전거, 과학 실험 장치, 게임 능력치, 수수께끼 책, 필사 공책, 만화책을 꼽았다. 알고 있는 것은 집 주소와 부모님과 형제의 핸드폰 번호, 생일, 집 비밀번호, 오빠의 비밀, 4학년 때 배운 공부, 악기 연주, 손흥민 선수 경기 내용, 독립운동가, 코로나 예방 수칙, 게임 규칙도 나왔다.

세 가지를 '나만의 열두 살 작은 책'으로 만들었다. '진정한 열두 살'에서 '진정한'의 뜻이 궁금하다 해서 칠판에 '진정한 열두 살'이라 쓰고 하루 동안 찾아보기로 했다.

진정한 열두 살은 잘 놀아야 한다. 잘 먹어야 하고 급식을 남기지 말아야 한다. 먹을 만큼 받고 뒷정리를 잘한다. 친구 도와주기. 위로하기. 욕을 쓰지 말아야 한다. 기분 나쁜 말이나 별명을 부르지 말아야 한다. 제발 복도에서 뛰지 말기. 절친과 자전거 여행 가능.

다음 날 우리가 찾은 '진정한 열두 살'을 바탕으로 학급 약속을 정했다. 먼저 왜 규칙을 만들까 생각해 보았다. 갈등을 해결하거나 사이좋게 지내려면 필요하다는 의견이 많았다. 약속 세 가지를 정했다.

1. 뛰거나 소리 지르지 않기 (안전하게 생활하기)
2. 존중어(~님)와 다정한 말 사용하기
3. 폭력(언어, 행동, 사이버) 쓰지 않기

지키지 않을 때 쓸 벌칙보다 함께 지켜 갈 방법을 생각했다. 안전을 지키는 '복도 지킴이', 특별실 갈 때 앞서서 이끄는 '침묵의 마법사', 존중어 지킴이 '나님과 너님', 수업내용 알림과 자료 나눔을 맡은 '수업 알리미', 전등 끄기와 분리수거 담당 '지구특공대', '우주 최강 급사모'(급식을 열렬히 사랑하는 모임)를 돌아가면서 맡기로 했다. 모두가 학급 기여자다.

세 번째는 우리 반 이름을 정하고 반가를 만들었다.

'우리는 민들레다. 꽃잎은 한 줄기에 모여 사이좋게 지낸다. 홀씨가 될 때까지 함께 커 간다. 그래서 민들레 반이다.' OO이가 낸 의견에 아이들 모두 좋다고 했다. 우리 반 이름은 '진정한 민들레 반'으로 정했다. '진정한'엔 각자 생각하는 의미를 담았다. '화목한, 다정한, 아끼는, 존중하는, 참여하는, 재미있는, 축구 잘하는, 피구왕, 솔직한, 잘 먹는, 잘 노는, 달달한, 괜찮은, 멋진' 등이 숨어 있다. 다음은 〈네 잎 클로버〉를 개사하여 반가 만들기. 모둠에서 두 줄씩 내용을 정하고 합치니 썩 괜찮은 반가가 되었다.

건강하고 씩씩한 우리는 서로 돕고 아끼는 5학년 1반
예쁜 꽃들 사이에 살짝 숨겨진 우정으로 피어난 민들레들아
랄랄라 햇님 랄랄라 달님 랄랄라 별님 랄랄라 물불님
행복을 만들어 가는 우리는 5학년 1반
한줄기의 따뜻한 햇살 받으며 우정으로 가득한 나의 친구야
빛처럼 밝은 마음으로 사랑하고 싶어

오늘 가장 기억에 남는 일은 급식 시간이다. 아이들이 마스크를 벗을

때마다 깜짝깜짝 놀랐다. 상상했던 것과 다른 얼굴들. 더 동그랗고 통통한 얼굴도 있고 길쭉하거나 네모난 얼굴도 있었다. 마스크 끼지 않은 자기 얼굴에 놀란 아이들이 친구 얼굴을 확인하고는 더 놀라는 표정이다. 어색한 눈웃음으로 서로 응원하며 맛있게 급식을 먹었다.

아이들은 명랑하고 다정했다. 서로 의견이 맞지 않을 때마다 '나님과 너님'들이 나서서 '잠시 멈춤'을 했다. 시간이 걸려도 문제의 핵심이 무엇인지 어디서부터 이야기를 시작해야 하는지 생각을 모았다. 특별실 갈 때도 마법사의 '침묵' 손짓에 발을 맞추었다. 기저질환이 있는 친구를 먼저 배려하는 급사모가 있어 맘이 든든하다. 이제 자치위원을 뽑고 자율 동아리를 만들어 활동하면 된다.

홀가분하게 교실 정리를 하는데 아이 하나가 왔다. 우산과 신주머니만 챙기고 가방을 두고 갔다고 했다. 교문 앞까지 갔다가 다시 왔다며 웃었다. 그제도, 어제도 한두 명은 꼭 되돌아 왔다. 모두 적응 중이다.

진정한 열두 살은 명랑하다.

진정한 열두 살은 다정하다.

진정한 열두 살은 잘 웃는다.

진정한 열두 살은 늦잠과 휴일을 좋아한다.

진정한 열두 살은 말하지 못하는 속마음이 있다.

진정한 열두 살은 실수도 한다.

진정한 열두 살은 날마다 적응 중이다.

진정한 열두 살은 오늘도 학교에 온다.

슬기로운
지구
동맹자

매년 3월 넷째 주 토요일 밤 8시 30분부터 한 시간 동안은 불을 끄는 시간이다. 이 시간을 '어스 아워(Earth Hour)'라고 부른다. '지구를 위한 한 시간'(이하 한 시간)이 곧 아이들의 미래를 지키는 일이자 '같이의 가치'를 체험하는 순간이다. 마무리 활동은 전등 끄기이다. 우리 집 전등 끄기가 세상을 움직이는 힘인 것을 몸으로 배우고 느끼면 정말 좋겠다.

수업은 사회과에서 '국토의 소중함'을 알아보고, '한 시간'을 해야 할 이유를 찾는 것에서 시작된다. 밤에 찍은 지구와 한반도 사진, 지도를 이용할 것이다. 2학년 동생과 함께하는 '책 언니' 활동은 그림책 읽어 주기와 홍보 활동, 글쓰기로 연결된다. 2학년과 5학년 담임들이 모여 '한 시간' 수업을 위해 시간과 동선 그리고 교실 자리 배치와 공간 활용까지 꼼꼼하게 의논하고 준비했다.

그림책* 읽기는 두 명이 짝이 되어 연습했다. 동생들에게 할 질문을 만들고 돗자리와 간식도 챙겼다. '그림책 작가의 이름은? 그림 속 시계는 몇 시일까? 지구를 위한 한 시간은 왜 할까? 전등을 끄고 나서 하고 싶은 일이 뭐야? 누구랑 하고 싶어?' 귀가 솔깃한 질문이다. 깊이가 있지만 어렵지 않았다. 연습하는 동안 동생들이 잘 모르면 어떡하냐, 장난치면 어쩌지, 친구랑 연습하니까 잘된다는 둥 걱정과 기대가 반반이었다.

화요일 미술 시간에 글과 사진을 조합한 '지구를 위한 한 시간' 캘리그라피 작품을 만들었다. 작품을 찍어 가족들에게 전하고 SNS 활동을 안내했다. 아이들의 요청을 기꺼이 받아 함께해 주는 가족들이 있어 활동의 의미와 가치가 높아졌다.

목요일은 책 언니의 날. 중간활동 시간에 손님맞이 준비를 했다. 환영의 말을 쓰고 매트도 깔고 그림책과 자료를 준비했다. 손 소독 후 2학년 교실에 가서 동생들을 만났다. 처음 만나서 어색했지만 서로 인사를 하고 네 명이 한 모둠을 만들었다. 절반은 2학년 교실에서, 나머지는 우리 교실에서 읽어 주기를 했다. 월요일부터 준비했는데도 5학년 아이들은 긴장한 얼굴이다. 정성을 다해 책을 읽어 주는 아이들 목소리가 교실에 가득했다. 이야기를 읽고 질문도 하며 동생들 대답엔 "오구오구, 잘했어요", "맞아, 좋아" 맞장구를 치며 책 읽기에 몰입했다. 읽기를 마치고 둥글게 앉아서 생각 나누기를 했다. 형과 언니가 책을 너무 잘 읽어 주어서 고맙다, 퀴즈도 재미있었다, 나도 동생에게 읽어 주겠다는 동생들 말에 환호하는 아이들. 2학년을 교실로 데려다주고 글쓰기를 했다.

---

*   『지구를 위한 한 시간』(박주연 글, 조미자 그림, 한솔수북, 2011).

-오늘 동생들과 『지구를 위한 한 시간』을 읽었다. 아이들이 적극적으로 참여해 주고 말을 잘 들어주어서 고맙고, 나 또한 지구를 위한 한 시간에 대해 한 번 더 생각해 본 것 같아 뿌듯했다.

-2학년 동생들에게 『지구를 위한 한 시간』이라는 책을 읽어 주었다. 다 읽어 주고 나서 퀴즈를 냈는데 너무나 잘 맞혀서 고마웠고 신기했다.

-2학년 교실에서 아이들과 함께 『지구를 위한 한 시간』을 읽었다. 아이들이 너무 똑똑하고 귀여워서 좋았고 또 적극적으로 참여해 더 기뻤다. 3월 27일만이 아닌 지구를 위해 1초라도 전기를 아끼려고 실천할 것이다.

-『지구를 위한 한 시간』을 아이들이 재밌어해서 좋았고 지구를 위한 한 시간을 퍼트리고 싶다. 4월 지구의 날도 함께하고 싶다. 우리는 지구를 지키는 동맹자다.

6학년은 '지구를 위한 한 시간' 현수막을 만들어 학교 담장과 수리산 입구, 버스 정류장에 게시했다. 보기만 해도 할 마음이 생길 만큼 멋진 현수막이다. 이제 전등을 끌 일만 남았다. 주말 과제로 금요일 8시 30분 동네 사진을 찍고 토요일 같은 시간에 사진을 찍어 비교해 보기와 우리 집 한 시간 소개하기를 했다. 9시가 되자 클래스팅에 소식이 올라오기 시작했다. 답글과 빛내기로 응원하며 우리는 지구 동맹자가 되었다.

-안녕하세요? 안산동 마을 기자 꾸리입니다. 3월 27일 오후 8시 30분 안산동 수암지구에 큰일이 생겼다고 합니다. 갑자기 전등이 꺼진 집이

늘어났습니다. 모두 촛불을 켜거나 아예 불을 켜지 않고 이불 속에서 지냈다고 합니다. 왜 그랬을까요? 무슨 일일까요? 그것은 바로 안산초에 다니는 어린이들이 '지구를 위한 한 시간'에 참여했기 때문입니다. 5학년은 2학년 동생들에게 책을 읽어 주고 왜 지구를 지켜야 하는지 설명도 하고 퀴즈 맞히기도 했답니다. 앞으로 2학년 동생들과 지구 지킴이 활동을 꾸준히 하겠다고 합니다. 이상 안산초 5학년 1반 꾸리 기자입니다. 안녕!

－'지구를 위한 한 시간'을 하는 중입니다. 엄마는 조금 불편하다고 하시면서 열심히 참여하고 계십니다. 아빠는 어디 계실까요? 네, 바로 여기 이불 속입니다. 발이 보이시죠? 곰 발바닥 아빠입니다. 제 옆에는 동생 둘이 있습니다. 이상 촤였습니다.

－안녕하세요? 여러분. 안산중에 다니는 누나가 있는데 '지구를 위한 한 시간'을 같이하고 있습니다. 저와 제 동생도 함께 있습니다. 동생이 갑자기 〈고요한 밤 거룩한 밤〉 노래를 불러 마구마구 웃었습니다. 작년에도 했는데 올해는 가족이 함께해서 참 좋습니다. 아름다운 밤이에요. 안녕! 세 기자였습니다.

깜깜해진 동네 사진을 보며 함께하는 힘을 느낄 수 있었다. 우리는 슬기로운 지구 동맹자가 틀림없다.

4월

#농사

#마음

#기억

세월호는 우리 모두에게 타인의 슬픔을 공부하고
죽음을 애도하는 시간을 허락한다. 슬픔을
공부하는 것은 일상을 다르게 보고 의심하게 한다.
'우리 아이들은 안전하게 자라고 있나?' 질문에
대한 해답 찾기 역시 슬픔을 공부하는 것이다.

감자
심는
손

4월엔 텃밭 농사가 시작된다. 우리 학교는 코로나 때도 밭을 일구고 작물을 심었다. 등교한 아이들과 토마토에 물을 주고, 고구마를 수확했다. 책이나 영상이 아닌 살아 있는 생명과 만남은 배움에 대한 열정과 호기심을 채워 준다. 농사는 품이 많이 든다. 하지만 여러 해 동안 텃밭을 일구신 선생님이 계시고 농사의 달인 주무관님과 지킴이 선생님의 도움으로 야심차게 시작했다.

학교 안 텃밭은 유치원부터 6학년까지 전교생이 교과와 관련하여 다양한 작물을 심고 가꾼다. 동네에 있는 큰 밭은 3~6학년이 감자와 고구마, 김장 배추를 심어 절기를 익히고 나누는 활동을 하고 있다.

5학년은 텃밭에 방울토마토를, 동네 밭에는 감자와 고구마를 심기로 했다. 사진과 영상으로 감자 심기에 대해 알아보았다. 감자의 품종을 알아보고 언제 어떻게 심을지 일정을 짰다. 심기로 한 날 아침, 이원수의 시

「씨감자」*를 읽었다.

'감자 씨'로 쓰려고 둔 묵은 감자를 칼로 썰어 심는다. "토막토막 자른 자리/재를 묻혀 심는다." 시인은 감자를 심은 날 밤 감자의 마음을 상상한다. 그리고 감자가 아픈 몸으로 흙을 덮고 자는데 환한 달빛이 내려와서 입을 맞춰 준다고 말한다.

시를 읽은 아이들은 왜 재를 묻히는지 궁금해했다. 소독하기 위해서라고 알려 주었다. 아픈 몸에 흙을 덮고 자는 감자를 상상하고 나서 시인이 말하고 싶은 걸 추측해 보았다. 식물도 아픔을 느끼는 존재이고 씨가 되는 과정은 힘든 것을 알려 주기 위해서라는 답을 찾았다. 밭골에 달빛이 내려오는 부분이 포근하게 느껴진다고 했다. 아픈 곳에 약을 바르고 호호 불어 주는 엄마의 입김이 그려진단다.

백창우가 작곡하고 굴렁쇠 아이들이 부른 노래 〈감자꽃〉도 들었다. 조용조용 부르는 노래가 교실에 퍼졌다.

다음은 싹이 튼 감자를 하나씩 손에 들고 자세히 본 뒤에 그림으로 그렸다. 크기가 중간 것도 있고 조금 큰 것도 있었다. 소독한 칼로 싹이 최소 두 개 이상 남게 잘랐다. 재를 바른 후 바구니에 담고 신문으로 덮었다.

이제 감자 심으러 갈 시간. 호미와 모종삽, 물통을 들고 텃밭으로 갔다. 교감샘과 지킴이샘 그리고 주무관님까지 나와서 도와주셨다. 지킴이샘과 부군께서 고랑을 만들고 비닐 멀칭까지 해 주셔서 수월했다.

감자밭에서 아이들은 수다쟁이가 되었다. 마음이 설렌다며 구덩이를

* 『너를 부른다』(이원수, 창비, 1979).

파고, 감자를 넣을 때마다 맞게 하고 있는지 봐 달라 하고, 쥐가 먹지 말아야 할 텐데 걱정도 했다. 심고 나서는 '잘 자라라, 맛있게 먹어 줄게' 하고 노래를 불렀다. 물을 충분히 주고 밭고랑에 있는 풀을 뽑아 한곳에 모았다. 후딱 심은 남자아이들이 호미로 커다랗게 구덩이를 파서 다시 메웠다. 내가 잔소리를 하려는데 주무관님이 다들 구덩이 파는 데 소질이 있다고 칭찬하셨다. 구덩이 판 녀석들이 '역시 나야!' 하며 잘난 척이다. 밭머리에 둘러서서 느낌을 나누었다. 물 주러 자주 오겠다는 아이도 있고, 싹이 나면 2학년 동생들을 데리고 구경 오겠다는 다짐도 했다. 달빛 이불 덮고 잘 자라는 인사를 하고 학교로 향했다.

"샘, 농사짓는 게 쉬운 일이 아니에요. 손이 까맣게 변했어요."

"똥색이에요. 똥손 됐어요. 하하하."

"감자에 싹이 났다, 잎이 났다, 똥똥똥."

돌아오는 길. 하늘은 맑고 햇살은 따숩고, 바람은 살랑이는데 벚꽃 잎이 꽃비처럼 내렸다. 마음이 울렁거려 도저히 그냥 갈 수 없다는 아이들 말에 관아(官衙) 터로 갔다. 동네에 들어서자 너도나도 예전에 살던 집이며 이사 간 집과 다른 반 친구 집도 가르쳐 주었다. 땃쥐동산에 가득 핀 수선화를 보았다. 햇살을 받고 걸어가는 아이들 곁에 있으니 덩달아 콧노래가 나왔다.

600살 넘은 느티나무 그늘에서 신나게 놀았다. 무궁화 꽃이 피었습니다, 꼬리 잡기, 신발 멀리 던지기, 얼음 땡까지. 노는 건 신나는 일이다. 얼굴이 빨갛게 될 때까지 땀 흘리며 노는 아이들은 건강하고 행복하다. 신나게 놀다 교실로 와서 달달한 초코바를 먹고 물을 마시고 글쓰기를 했다. 다음 주에는 권태응 시인의 동시 「감자꽃」을 읽고 노래로 배울 거다. 감자에 싹이 트고 잎이 나고 꽃이 필 때마다 눈여겨보고 칭찬하며 자라는 기쁨을 함께 누릴 것이다.

전담 시간에 옆 반 감자 심기를 도왔다. 교감샘과 주무관님 그리고 지킴이샘께 시원한 음료로 마음을 전했다. 오후엔 일 장갑을 보내 주신 두 분 어머니께 감사 문자도 보냈다. 학년 전체가 유용하게 잘 썼다. 씨감자를 아끼는 아이들과 그 아이들을 걱정하고 지원하는 어른들의 마음이 퍽 닮았다. 그 마음에 기대어 올해 텃밭 농사가 풍년이길 기원했다.

감자를 심었다. 생각보다 어렵지 않았다. 비닐 고랑에 구덩이를 파고 잘린 부분을 밑으로 해서 흙을 덮었다. 그리고 다독다독 손으로 만지고 심은 자리를 정리했다. 고랑 옆에 난 풀을 뽑고 생수병에 담아 간 물도 주었다. 모종삽으로 풀을 뽑는데 생각보다 힘들었다. 뿌리가 끈질겼다. 장갑 벗고 열심히 뽑았더니 손이 까맣게 됐다. 샘이 흙물이랑 풀물이 들어서 그렇다고 했다. 일하는 손이라며 칭찬했다. 지킴이샘 손도 까맣다. 영O가 "야! 내 손 똥색이다. 똥손이다" 해서 모두 웃었다. 진짜 똥냄새 나면 어떡하지? 감자가 싹 트면 물 주러 올 거다. 그때까지 감자야 잘 자라라! (지O)

슬픔을
공부하는
시간

4월 16일은 세월호 참사를 잊지 않고 기억하는 날이다. 안산에 사는 우리 아이들은 학교에 들어오기 전부터 4·16과 세월호를 접한다. 학교 담장에 〈희망-세월호의 기억〉이란 벽화가 있다. 벽화는 일상에서 세월호를 기억하게 한다. 입학 후 노란 우산 플래시 몹, 작은 음악회, 글쓰기, 기억교실 기행에도 참여한다. 그 중심에 기억과 희망을 함께 묻고 답하는 과정이 있다.

올해는 학생 자치회에서 기획한 행사와 학년 활동을 했다. 세월호 참사를 추모하고 기억하는 활동뿐만 아니라 안전하게 자랄 수 있는 권리를 보장하는 수업도 할 것이다. 노란 리본을 단 아이들과 4월을 기록하는 동시 읽기로 생각을 열었다.

함께 읽는 첫 시는 이안의 「사월 꽃말」*. 시는 "엄마, 꽃집에서 적어 왔어"라는 아이의 말로 시작된다. 아이가 적어 온 말은 무엇일까? "모든 슬폼이 사라진다"라는 뜻이 담긴 미선나무와 "고난의 깊이를 간직하다"의 꽃말을 가진 꽃기린이다. 그런데 시인은 이 두 말을 붙여 보자고 한다. 꽃말을 붙이니 "모든 슬픔이 사라진 다음에도/고난의 깊이를 간직하다"라는 새 말이 생겨났다. 그리고 "엄마, 우리 이 말 기르자"는 아이의 요청으로 마무리된다.

역할을 정해 번갈아 가며 읽었다. 아이와 엄마의 모습이 그려졌다. 미선나무와 꽃기린이 어떻게 생겼는지 사진으로 보고 느낌을 말했다. 시인이 두 개의 꽃말을 발견하고 붙이게 된 사연도 이야기해 주었다. 시의 제목을 상상해 보았는데 '꽃집, 꽃말, 엄마와 아이, 기르자'라는 대답이 나왔다. 4·16과 관련이 있다는 힌트를 얻은 아이들이 「사월 꽃말」이라는 제목을 맞혔다. 하지만 "슬픔이 사라진 다음에도 고난의 깊이를 간직하다"는 뜻이 금방 이해되지 않는다고 했다. 그래서 「사월 꽃말 2」[**]도 이어서 같이 읽었다.

시인은 "미선나무를 심을 땐", "가지 하나를 잘라 갖고 있자"라고 제안한다. 왜 이런 말을 했을까? 아이들이 제각각 자기의 생각을 말했다. 모든 슬픔은 사라질 수 없기 때문이라고도 하고 슬픔을 견디기 위해서라는 답도 있다. 그렇다. 모든 슬픔은 사라질 수도 없지만, 그냥 사라지는 것도 안될 말이다. 시에서는 미선나무 가지 하나가 슬픔 하나가 된다. 그리고 "잘 말려서 갖고 있자"고 한다.

[*]　　『오리 돌멩이 오리』(이안 글, 정진호 그림, 문학동네, 2020).
[**]　　위의 책.

이 시는 말을 기르자는 아이에게 전하는 엄마의 대답처럼 읽힌다. 슬픔은 사라지지 않고 말려질 뿐. 그 말린 슬픔을 마음속에 잘 간직하고 기억하자는 뜻이 숨어 있다. 시에서 이야기하는 슬픔이 어떤 이의 슬픔인지 상상해 보았다. 제목에서 세월호를 떠올렸다. '고난'과 '슬픔'은 '깊이 느끼고 간직하는 것', '기억하는 것'과 '마음이 길러지는 것'의 의미와도 연결된다. 시를 읽은 후 왜 세월호를 기억해야 하는지 물었다.

"세월호는 구할 수 있었던 사람들을 구하지 못한 사고입니다."

"가만히 있으라고 하는 어른들 말을 믿었기 때문에 죽었습니다."

아이들 말이 가슴을 친다. 그렇다. 가만히 있으라는 말을 믿고 죽음이 임박한 순간에도 아이들은 '사랑해요. 괜찮습니다. 먼저 가서 미안합니다'라고 했다. 어른들이 한 말과 행동이 부끄럽고 그래서 미안하다고, 우리 반 아이들에게 솔직한 마음을 털어놓았다. 지금도 아이들이 물에 잠기는 꿈을 꾸는 사람들이 있다는 것. 그 꿈은 무척 고통스럽고 그 꿈에서 깨는 것조차 힘든 일이라는 걸 조금이라도 공감하면 좋겠다는 말도 덧붙였다. 세월호 유가족에게 위로의 편지를 써서 기억 교실에 전달하자고 마음을 모았다.

교실을 둘러보니 환이가 눈물을 흘리고 있었다.

"고모가 너무 보고 싶어요. 코로나로 돌아가셨어요."

우는 아이를 위로하다 함께 울었다. 갑자기 아버지와의 이별이 생각났기 때문이다. 요양병원에 계셨던 아버지는 혼자 쓸쓸히 돌아가셨다. 처음엔 면회가 되다가 감염 위험 때문에 전화로만 겨우 안부를 전할 수 있었다. 무척 수척해지셨고 많이 보고 싶어 하신다는 간병사님 말에 가슴이 미어졌다. 거의 1년을 손 한 번 잡아보지 못한 채 지냈다. 몇 번이나 긴박한 상황이 있었지만 잘 넘기셨는데 4월 초 벚꽃이 막 피기 시작할 때 조용히 숨을 거두셨다. 새벽에 전화로 아버지의 마지막을 함께했다. 아이들 몇이 다가와서 나를 안아 주었다. 가만히 곁에 서서 기다려 주는 아이들이 있어 마음을 진정할 수 있었다.

"아버지 이야기를 해도 될까요?"

아이들이 허락해서 어릴 때 기억을 떠올렸다. 아버지는 잘못하거나 거짓말을 할 땐 무섭게 화를 내셨지만 늘 다정했다. 날마다 자전거를 태워 학교까지 데려다 주셨고 자전거 타기도 가르쳐 주셨다. 먼 곳을 다녀오실 때는 꼭 선물이나 맛있는 것을 사 오셔서 동생들 손을 잡고 한길까지 나가 아버지를 기다리곤 했다. 열 살 때 세계어린이문학 전집을 사 주셔서 밤새 읽은 기억이 있다. 『비밀의 화원』, 『소공녀』, 『소공자』, 『15소년 표류기』, 『빨강머리 앤』까지. 책 읽는 나를 무척 이뻐하셨고 칭찬하셨다. 아버지가 편찮으실 때 성경을 읽어 드리면 좋아하셨다. 아버지에 대한 행복한 기억이 가득했다.

내 이야기를 들은 환이도 이야기를 하고 싶다고 했다. 우리는 모두 환이를 보았다. 주말마다 고모가 왔었는데 이제 오지 않는다고. 가장 슬펐던 일은 고모 장례식에 못 간 거라면서 코로나로 집에 있어야 했단다.

"많이 놀라고 슬펐겠구나. 고모 많이 보고 싶지?"

환이가 고개를 끄덕이며 눈물을 훔쳤다. 무슨 이유든 사랑하는 사람들을 빼앗긴 이야기는 가슴 아프다. 함께 모여 아파하고 충분히 슬퍼해야 하는데 코로나 사태는 그 시간조차 허락하지 않았다. 하지만 이렇게라도 이야기할 수 있어서 얼마나 다행인가.

"음, 더 이야기할 게 있어요. 우리 고모는 맛있는 음식을 잘 해 주셨어요. 제가 좋아하는 새우볶음밥도요. 저도 고모가 가르쳐 주셔서 볶음밥도 하고 달걀말이도 잘해요."

환이 목소리가 조금 밝아졌다.

"선생님, 저도 할 말 있어요."

훈이가 숨을 몰아쉬며 말했다. 어릴 때부터 병원에 계신 엄마, 엄마처럼 돌봐 주시는 고모와 고모부, 일주일에 한 번 같이 보는 아빠를 기다리는 일까지. 훈이는 담담하게 이야기했다.

"엄마가 있는 병원이 복숭아로 유명한 청도에 있어요. 너무 멀어 아빠 혼자 다녀오실 때가 많아요. 코로나로 작년 설날에 만나고 못 만났어요. 이번 어린이날엔 꼭 엄마를 만나고 싶습니다. 고모부랑 같이 잡은 물고기로 매운탕 끓여서 엄마랑 먹고 싶어요."

훈이 이야기에 또 가슴이 먹먹해졌다. 두 아이의 이야기를 듣고 너도 나도 고개를 끄덕거렸다. 따뜻한 눈빛도 함께.

"세월호에 탄 언니 오빠의 가족들은 얼마나 마음이 아플까요? 만날 수 없으니까요. 다시는 그런 일이 일어나면 안 될 거예요."

정이 많아 친구들 이야기에 눈부터 빨개지는 진이가 울먹였다. 4월에 피는 꽃들의 꽃말을 찾아 적어 드리면 위로가 되지 않겠냐고도 했다. 환이는 고모에게, 나는 아버지에게 드리는 편지를 썼다. 숨소리 하나 들리지 않는 조용한 시간이 선물처럼 느껴졌다.

쉬는 시간 연구실에 다녀오니 책상 위에 아이들이 쓴 메모가 있었다.

'은경샘, 아버지랑 헤어져서 많이 슬픈가요? 선생님이 장례식 잘 마치고 왔을 때 기뻤어요. 우리 엄마도 선생님 걱정 많이 했어요. 선생님 없을 때 싸웠는데 금방 화해했어요. 선생님 생각나서요. 잘했죠? 샘, 힘내세요. 사랑해요.'

슬픔을 공부하는 그 시간, 아이들 덕분에 내 마음속엔 '미선나무' 한 그루가 뿌리내리고 있었다. 잘 말려서 같이 살아가야겠다.

평론가 신형철은 『슬픔을 공부하는 슬픔』*에서 "배울 만한 가장 소중한 것이자 배우기 가장 어려운 것은 타인의 슬픔"이라며 "인간은 자신의 한계를 슬퍼할 줄 아는 생명이니 한계를 슬퍼하면서, 그 슬픔의 힘으로, 타인의 슬픔을 향해 가려고 노력하고 평생 할 일이 하나 있다면 그것은 슬픔에 대한 공부"라고 했다. 세월호는 우리 모두에게 타인의 슬픔을 공부하고 죽음을 애도하는 시간을 허락한다. 때론 '미선나무'와 '꽃기린'의 꽃말을 아는 것이 고난과 슬픔을 견디고 죽음을 애도하는 공부가 된다. 슬픔을 공부하는 것은 일상을 다르게 보고 의심하게 한다.

'우리 아이들은 안전하게 자라고 있나?'

질문에 대한 해답 찾기 역시 슬픔을 공부하는 것이다.

---

* 　『슬픔을 공부하는 슬픔』(신형철, 한겨레출판, 2018).

이게 뭐라고
이렇게
재밌지?

월요일 아침. 바쁜 마음을 다독이며 '말랑말랑 내 이야기'로 한 주를 시작했다. 둥글게 앉아 발을 뻗어 원을 만든 다음 말랑한 공을 던져 나온 질문에 답을 했다.

　-내가 잘하는 요리는?
"매운 떡볶이, 국물 떡볶이 다 잘해."
"우아, 다음에 꼭 만들어 먹고 싶다."

　-내가 가장 보고 싶은 영화는?
"좀비 영화 좋아해. 〈#살아있다〉도 보고 싶고, 〈반도〉 나오면 볼 거야."

　-내가 받은 가장 귀중한 선물은?

"가족이랑 여행. 필리핀 갈 때 처음 비행기 탔거든."

-내게 가장 힘이 되는 말은?
"괜찮아, 잘될 거야. 히히히."

-내가 좋아하는 음악은?
"래퍼 빈지노 음악."
"오~ 나도 좋아하는데 개념 래퍼 빈지노. 유기견도 입양했잖아."

-내가 되고 싶은 건?
"코스프레 기획하는 거."
"코스프레를 직업으로 한다고? 멋지다."

제법 익숙하고 친해진 아이들이 자기 이야기를 스스럼없이 한다. 놀이 후 잠시 숨을 고른 뒤 이번 주 학습활동과 화상수업을 의논했다. 선생님들이 동화책 『꼴뚜기』*를 시리즈로 읽어 주는 라디오 책방도 소개했다. 다들 기대하는 눈치다. 「인생 최대의 위기」를 같이 읽고 '열두 살 인생 그래프 만들기'를 해서 화상수업 때 발표한다고 설명했다.
"20명이나 되는 친구들이 돌아가면서 얘기하면 오래 걸리지 않나요?"
좋은 질문이라고 칭찬했다. 소회의실 기능을 사용하겠다고 했다. 화상

---

* 『꼴뚜기』(진형민 동화집, 조미자 그림, 창비, 2013).

수업 때 하고 싶은 공부나 친구에게 보여 주고 싶은 걸 신청받았다. 아이들은 '열두 살 음악 캠프'를 하자고 했다. 두 명씩 짝을 지어 좋아하는 음악과 노래를 소개하는 시간이다. 첫 시간은 나O이와 은O이가 준비하기로 했다.

중간활동 시간. 칠판에 그림을 그리며 놀던 아이들이 종이 치자 칠판을 정리했다.

"이게 뭐라고 이렇게 재밌지?"

"그치, 나 정말 해 보고 싶었어."

"은경샘, 우리 칠판 닦다가 엄청 친해졌어요. 히히."

"그래서 참 좋아요."

"축하해. 우정의 꽃이 활짝 피는구나!"

칠판 닦기가 뭐라고! 그거 하다가 친해지다니. 그래서 좋다니. 행복한 표정의 아이들. 참 좋다는 말이 고맙다. 혼자면 절대 할 수 없는 공부, 학교에서만 가능한 공부는 바로 '관계 맺기'다. 학교에 오니 자연스럽게 배우게 된다. 친한 친구가 생기는 것만큼 좋은 일이 있을까.

오전 11시. 방울토마토 모종을 심었다. 모종은 농업기술센터에서 분양받았다. 보름 전에 교사들이 직접 고랑을 만들고 밭을 깊게 갈아 퇴비도 넉넉하게 뿌려 두었다. 아침에 오니 주무관님이 물을 충분히 주셔서 밭이 촉촉하게 젖어 있었다. 포트에 담긴 모종을 관찰했다. 뿌리, 줄기, 잎을 자세히 보고 모양과 길이, 색깔, 냄새까지 기록한 뒤 이름을 정했다. 방울이, 인삼이, 토토, 토마스 아기 기차, 우주 최강 동글이, 춘식이, 알이, 토끼, 댕

댕이. 세상 귀한 이름이다. 이름표에 기르는 사람과 토마토 이름을 써서 표시를 만들었다. 모종을 가지고 텃밭으로 가서 배운 순서대로 심고 흙을 꼭꼭 누른 다음 물뿌리개로 물을 주었다. 옆 반 선생님이 학급 표지판을 만들어 주어서 감사했다.

모종 심기가 일찍 끝나서 감자밭을 둘러본 다음 교실에 왔다. 토마토와 관련된 동시 「땅감나무」*를 읽었다. 지은이가 '권태응'이라고 하자 「감자꽃」을 쓴 시인을 떠올렸다. 7·5조의 운율이 느껴지도록 박자에 맞추어 읽었다. 제목 맞추기도 했다. 오늘 우리가 심은 것과 관련이 있다고 했더니 키 작은 나무, 방울토마토라는 답을 했다. '토마토' 대신 '땅감나무'를 썼다고 말해 주었다. 왜 그랬을까 궁리해 보라는 주문에 '키 작은'이 '땅꼬마', '땅콩'처럼 땅에 붙어 있기 때문이라 했다.

시에는 까마귀떼도 등장한다.

"방울이 심을 때 전깃줄에 까마귀가 있었어요. 열 마리도 넘게."

눈 밝은 연이가 말하니 너도나도 까마귀를 봤단다. 참말이다. 우리 학교에는 새가 많다. 백 살 넘은 버즘나무들은 새집을 이고 있다. 까마귀, 까치, 참새, 박새 이런 새들이 따 먹지 못하게 키가 작은 거라고. 게다가 키가 작아야 어른들보다 아이들이 더 쉽게 따 먹을 수 있다는 걸 시인이 알고 있었다고 했다. 어른은 구부려야 하지만 아이들은 손으로 쏙 딸 수 있으니 얼마나 좋겠냐고 한다. 이제부터 학교 텃밭은 그냥 밭이 아니라 키 작은 땅감나무가 사는 우리 반 텃밭이 되었다.

---

*　　『감자꽃』(권태응 지음, 송진헌 그림, 창작과비평사, 1995).

급식을 후딱 먹은 아이들이 텃밭에 다녀오겠다고 했다. 벌써 뭐가 달라졌다고. 방울토마토 덕에 아이들은 자주 텃밭에 가겠지. 오가며 더 친해지고 마음을 나누겠지. 그런 생각 때문에 한 번 더 웃었다.

수학 익힘 덜한 아이들은 교실에 남아서 더 하고 갔다. '통분과 약분', '최소공배수와 최대공약수 구하기', '분수의 덧셈과 뺄셈' 세 영역은 모두 연결된 내용이라 한 가지라도 모르면 문제 풀기 힘이 든다. 하나하나 짚어 가며 설명하고 모르는 문제를 해결하니 그제야 편안한 얼굴이 된다.

아이들을 보내 놓고 학부모회 관련 일을 시작했다. 코로나 사태로 모이기 어려워 화상으로 대의원회를 열기로 했다. 학부모 임원들이 책을 함께 읽고 '작가와의 만남'을 갖자는 의견을 냈다. 그래서 함께 읽을 책을 먼저 주문하기로 했다. 작가 섭외는 책부터 먼저 읽고 정하기로 했다. 『디지털 시대에 아이를 키운다는 것』, 『삶을 위한 수업』, 『공부는 정의로 나아가는 문이다』, 『이런 질문, 해도 되나요?』, 『아홉 살 독서 수업』, 『긴긴밤』. 주문한 책은 모두 6권이고 5권씩 주문해서 돌려 보기로 했다.

코로나 이후 학부모들과 어떻게 협력해야 할지 고민이었다. 줌으로 학부모회를 열고 나니 답이 보였다. 책을 읽고 생각을 나누자는 의견이 많았다. 한 달에 두 번 정도 화상 모임을 통해 생각을 나누며 할 수 있는 것을 찾아가자고 마음을 모았다.

아이들이 왔다 간 교실.

이제 막 다시 친해진 아이들처럼 이야기가 쌓여 부풀고 있다.

마음을
건네도
괜찮아

바야흐로 봄이다. 꽃이 지천으로 피어 꽃비가 내린다. 사춘기에 막 들어선 아이들 마음에도 살랑살랑 바람이 불고 있다. 동화책『꼴뚜기』(진형민)를 읽기 시작하면서 책 속에 그려진 길이찬과 주예린의 연애사가 현실이 되었다.

아이들이 기획한 '마니또 되기'가 연애에 불을 붙였다. 누가 누구에게 고백했고 그 고백이 이루어져서 내일 무슨 선물을 주기로 했다는 둥, 직진 고백을 했는데 철벽 수비 앞에 무너졌다는 둥, 기념일 챙기기 너무 힘들다는 둥. 소문이 5학년 이 반 저 반으로 퍼져 나갔다.

커플인 아이들의 사연이 너무 궁금해서 물어보았다. 마스크까지 쓰고 있어 얼굴도 잘 모르는데 어떻게 사귀게 됐냐고. 한 아이 왈, 4학년 때까지 한 반이라 그냥 친구였는데 5학년 되면서 학원을 같이 다니게 됐고 좋아하게 됐다고 한다. 친절하게 해 주니까 마음이 저절로 열렸단다. 좋아하는 음료수도 같고 음악 취향도 비슷하다며 수줍은 목소리로 말했다.

내가 부러워하며 쳐다보았더니 곁에 있던 아이가 "은경샘은 남편이 있잖아요" 한다. '누가 뭐래? 그래도 부러운 건 부러운 거지. 솔직히 너도 부럽잖아'라는 말을 꾹 참았다.

아주 작은 일이라도 몰래 도와주고 상대방 배려하기, 선물은 직접 쓰거나 만들거나 집에 있는 것 주기. 반갑게 인사하고 무슨 일이든 호응하는 마니또로 활기가 넘쳤다.

하지만 다툼이 생겼다. 한 아이가 받은 편지와 선물을 공개해서다. 글 씨체를 보고 누가 썼는지 알아냈고 받은 선물을 다른 친구에게 주려고 했다는 거다. 이를 알고 흥분한 아이들 몇이 항의를 했다. 활동 원칙인 '비밀 지키기'를 깬 것과 준 사람의 마음을 생각하지 않고 다른 사람에게 선물을 주려고 한 건 너무한 일이라고 했다. 선물을 준 아이가 많이 울어 더 난감했다.

수업 후에 당사자 둘과 이야기를 하려고 했는데 절친들과 같이 있으면 좋겠다고 해서 모두 여섯 아이와 이야기를 했다.

"다른 아이들이 먼저 보고 소문낸 거예요."

선물을 받은 아이가 말했다. 친구들이 받은 선물 필요하냐고 물어서 필요 없다 했더니 자기들이 가지겠다고 해서 알겠다고 한 게 전부라는 거다. 갑자기 항의하는 아이들을 보니 억울한 맘이 든다고, 왜 나만 오해를 받는지 잘 모르겠다고 했다.

"OO이 마음이 담긴 건데 그러면 안 된다고 생각해. 비밀을 지키는 건 기본이지. 사과가 필요해."

선물 준 아이의 절친이 또박또박 자기 생각을 밝히고 사과를 요구했다. 사과로 정리가 되면 좋겠지만, 상대방을 이해하고 알아주는 건 참 어려운 일이다. 특히 마음을 주고받는 일은 조심스럽다. 모두의 마음이 다치지 않도록 세심하게 살피고 오해가 생기기 전에 터놓고 말할 수 있어야 한다. 시간이 걸렸지만 통 큰 사과를 주고받은 아이들이 교실을 나가며 말했다.

"윗놀이터 가서 놀까?"

그렇지, 놀기 딱 좋은 날에 싸울 수만은 없지, 저희끼리 놀다 보면 다친 마음에도 새살이 돋아 단단해지겠지 생각했다.

요즘은 아침마다 일찍 오는 아이들이 생겼다. 일찍 온 아이 둘이 마니또의 책상과 사물함 속에 뭔가를 넣고 서로 쳐다보더니 웃는다.

"은경샘, 저는 희망이 없어요. 제가 좋아하는 애가 여친 사귀는 데 관심 없대요. 그 시간에 축구나 하겠다고 그랬어요. 히."

"샘, 제가 더 슬퍼요. 제가 좋아하는 애를 제 친구도 좋아한다며 고백했대요. 걔네 둘이 같이 학원 다녀서 엄청 친하거든요. 저만 솔로예요."

울상인 아이들에게 무슨 말을 해야 할지 몰라 그냥 고개만 끄덕였다. 솔로여서 힘들거나 좋아하는 마음이 궁금한 아이들과 이야기를 하다 보니 모임이 생겼다. 남자 셋, 여자 넷 모두 일곱이다. 이름하여 '연애 탐구단 51'.

어떤 걸 할지는 아직 미지수다. 이름을 붙이고 모이니 연애를 탐구하고 싶은 마음이 더 커진다는 건 분명하다. 코로나를 겪으며 우리는 마음을 건네는 일이 쉽지 않다는 걸 알게 되었다. 마음이 시키는 일이니 우선 하고 볼 일이다. 덕분에 몸은 좀 바빠질 것 같다.

연애
탐구단
51

'연애 탐구단 51'은 소소(소곤소곤)한 모임이다. 연애에 대해 수다를 떨다 연애에 필요한 게 뭔지 알아보았다.

가장 먼저 도마 위에 오른 건 '선물'이다. 선물이 마냥 좋은 건 아니라고 한다. 원칙이 필요하다는 이야기도 했다. 그래서 돈이 들지 않는 선물을 알아본다고 했다.

"은경샘, 연애해 봤죠? 팁 좀 주시죠."

아이들 요청에 한마디 거들었다.

"팁은 시가 꼭 필요하다는 거야. 이유는 알지?"

약간은 의심스러운 눈으로 일단 연애 시를 찾기 시작했다. 눈 밝은 아이들이 찾은 시를 작은 칠판에 쓰고 함께 읽었다. 나도 아껴 둔 시 한 편을 소개했다.

정유경 시인의 「비밀」*이다. 이 시는 독자들 사이에 꽤 유명하다. 세로

쓰기 한 제목부터 찬찬히 들여다보면 시에 담긴 비밀에, 반전의 재미까지 톡톡히 느낄 수 있기 때문이다. 시를 읽으면 동수라는 아이를 바라보는 시 속 화자의 마음을 알 수 있다. 동수는 "동네에선 알아주는 싸움 대장/ 수업 시간엔 못 말리는 수다쟁이"에다 "장난이 하도 심해" 혀를 내두르는 아이들이 수십 명은 족히 된다. 그런데 같은 반 여자애들은 그런 동수가 좋다고 쫓아다닌다. 화자는 아이들을 한심해한다.

시를 읽은 다음 시 속 화자의 마음을 알아보았다. 그런데 이 아이가 여자아인지, 남자아인지로 토론이 붙었다. "아무래도 제정신이 아닌 것 같아", "참 한심해" 같은 말을 쓰기 때문에 남자가 틀림없단다. 하지만 여자아이라는 의견도 만만치 않다. "좋아할 남자애가 그리도 없나?"를 보면 분명 여자아이 말투고 최고의 힌트는 시집의 그림이라고 했다. 이런저런 말들이 무성해질 때, "그런데 시의 제목이 왜 비밀이지?"라는 질문을 던졌다. 아이들은 먼저 찾는 사람은 천재라 하자며 눈을 크게 떴다. 시를 다시 읽던 아이 몇이 찾았다는 표정을 짓는다.

"그래서 제목이 세로로 비밀이군요."

각 행 맨 앞의 글자를 세로로 따라 읽어 보고 동그라미를 쳤다. 제목 그대로 시 속 화자가 비밀로 감추고 싶어 하는 진짜 속마음이 숨어 있었다.

연애 탐구단 51이 '수요일은 시요일'에 동시 「비밀」을 소개했다. 시를 읽으니 이야기가 넘쳤다. 아이들은 자기 경험을 떠올려 시를 바꿔 쓰고 싶어 했다. 시 쓰기가 느닷없이 시작되었다. 아이들의 마음을 움직인 동

---

* 　　『까불고 싶은 날』(정유경 지음, 창비, 2010).

시는 참 힘이 세다.

치

킨

나는 치킨이 좋아 많이 먹으면

치과 가야 해 치

킨 먹고 치과 가기 싫어

좋지 않아

아 ……*

OO이가 쓴 시 「치킨」은 학급문집에도 실렸다. 표현할 내용만큼 생각과 마음을 담는 형식도 무척 중요하다는 걸 알게 되었다.

다음은 어린이시집에서 마음에 드는 시를 찾았다. 첫사랑앓이 중인 연이가 "제 맘을 딱 잡은 시예요"라며 시 「벚꽃잎」을** 소개했다.

쓴 사람은 여주 하호분교 5학년 윤찬규 어린이다. 시 속의 아이는 산에 올라가 떨어진 벚꽃을 보며 "벚꽃잎을 잡으면 삼 년 안에 사랑이 이루어

---

*   이 시를 쓴 OO이는 국어와 수학은 통합 수업을 한다. 그런데 시요일인 수요일 1교시 국어는 교실에서 했다. 언어를 정확하게 부려 쓰는 힘을 기르는 만큼 언어에 내 생각을 담는 일도 중요하다. 게다가 시를 쓰는 일이 재미있다고 하니 통합반 선생님도 동시 독자가 되어 함께 공부하는 중이다.

**   『꼭 하고 싶은 말』(전국초등국어교과 여주 모임 엮음, 삶말출판사, 2016).

진다"는 선생님의 이야기를 떠올린다. 시를 쓰던 중에 우연히 벚꽃잎이 떨어져서 잡게 된다. 그리고 "저절로 오는 것이 진정한 사랑"이라고 느낀다. 억지로가 아니라 저절로 오는 것, 그 마음이 사랑이라 했다. 단순하고 자연스러운 시가 아이들의 마음을 울렸다.

시 맛보기 판에 시를 쓰고 그림도 그렸다. '어린이는 모두 시인'이라고 이오덕 선생님은 말했다. 거짓 없이 있는 그대로 쓴 시다. 어린이시를 읽으면 자연스럽게 마음이 열린다. 게다가 윤찬규 어린이가 있는 하호분교에는 매주 아이들과 시를 쓰는 임덕연 선생님이 계신다. '하호분교'를 가보았다고 하니 모두 신기해한다. 내년 봄엔 벚나무 아래 시를 쓰면서 벚꽃잎을 꼭 잡아 보고 싶다고 했다.

"가을에 단풍나무 열매 잡아도 사랑이 이루어지나요?"

연이 말에 모두 공감했다. 단풍나무 사랑. 가을엔 또 어떤 사랑이 올까 궁금하다.

누군가를 좋아하는 마음은 숨길 수 없다. 그 아이 얼굴만 보아도 입꼬리가 올라가고 목소리만 들어도, 심지어 작은 손짓 하나에도 가슴이 두근거린다. 아이들은 가끔 한숨을 쉬며 자기 마음을 털어놓았다. 혼자 있을 때 그 아이 이름을 써 보고 그림으로도 그렸다고 했다.

"진짜 똑같이 그렸어요. 샘한테 보여 줘."

친구들 재촉에 연습장을 보여 주는데 정말 실감 나게 그렸다. "더 예쁘게 그렸네" 했더니 아니라고 그림보다 눈이 더 크고 예쁘단다. 제 눈의 안경이다. 연습장에 좋아하는 마음이 가득 들었다.

"그림 한 장 선물하면 어떨까?"

용기 있는 고백을 제안했더니 망설이던 아이가 "안 되면 어떡해요?" 울상이 된다.

"그건 생각하지 말자. 받는 사람 마음이니까."

"맞아, 내가 봐도 잘 그렸네. 진심이 느껴져."

드디어 고백 작전을 짜기 시작한 아이들. 결과는 모르겠지만 이 순간만큼 친구들의 응원을 받으며 몽글몽글한 마음이 거짓 없이 자라는 걸 느낄 수 있었다.

시를 읽으며 아이들은 느낀다. 마음을 건네도 괜찮아, 우린 친구잖아. 칸막이와 마스크로 갈라졌던 틈을 메우는 것이 시의 힘이다. '연애 탐구단 51'이 있어 우리는 더 괜찮은 아이, 괜찮은 선생님으로 살아갈 것이다.

5월

#어린이

#인권

#공동체.

함께 읽고 토론하며 쟁점을 찾아가는 일은 세상을
비판적으로 보고 창의적인 문제 해결을 모색하는
길이다. 인권교육도 마찬가지다. '인권'은 모든
사람의 권리다. 그래서 한 사람인 학생과 교사,
어린이와 어른은 편 가르기를 벗어나 같은 크기의
권리를 가진 공동체 일원으로 살아가는 힘을
길러야 한다. 권리 침해 문제는 타인 존중과 정의의
관점에서 함께 해결하려는 의지를 키우고 실천하며
몸으로 익히는 것이 필요하다.

어린이날에
생각하는
권리 존중

어린이날을 앞두고 2학년과 5학년이 짝꿍이 되어 놀이 한마당을 준비했다. 고무줄 림보, 막대 놀이, 달팽이 놀이, 무궁화 꽃이 피었습니다, 동대문 놀이, 사냥꾼 피구. 모자란 힘과 키를 보태어 더 재미난 시간이 될 것이다.

한편, 세상에서 아이들은 '노키즈 존'이라는 말로 거부당하고, '요린이', '주린이'로 불리며 미성숙과 초보를 담당한다. 존중보다 거절이 먼저인 사회. 그래서 더욱 인권과 권리교육은 절실하다. 일 년에 한두 번 하는 인권교육은 언 발에 오줌 누기다. 학교생활 전체가 인권을 존중하고 권리를 보호하는 교육이어야겠다.

'우리는 모두 소중해요'가 인권 수업의 주제다. 나와 너, 우리가 가진 권리를 찾고, 일상에서 인권 감수성을 키우며, 인간과 비인간의 경계를 넘어 기후위기와 인권의 관계를 배운다. 궁금한 점을 질문하고 해답을 찾는 수업이다.

어린이 인권과 권리는 '세계 최초 어린이 인권 선언'이라 할 수 있는 방정환 선생님의 「어린이날 선언문」(1922년)을 통해 만난다. '어른들에게 드리는 글'과 '어린 동무들에게'를 통해 조상들의 생각을 배우고, 오늘날 어린이의 인권이 잘 지켜지고 있는지 되돌아본다.

〈어린 동무들에게〉

1. 돋는 해와 지는 해를 반드시 보기로 합시다.

1. 어른에게는 물론이고 당신들끼리도 서로 존대하기로 합시다.

1. 뒷간이나 담벽에 글씨를 쓰거나 그림 같은 것을 그리지 말기로 합시다.

1. 길가에서 떼를 지어 놀거나 유리 같은 것을 버리지 말기로 합시다.

1. 꽃이나 풀을 꺾지 말고 동물을 사랑하기로 합시다.

1. 전차나 기차에서는 어른에게 자리를 사양하기로 합시다.

1. 입은 꼭 다물고 몸은 바르게 가지기로 합시다.

아이들은 어린 동무들에게 준 선언을 이렇게 생각했다. 존대어 쓰기나 낙서하지 않기, 꽃과 나무 그리고 동물 사랑하기, 바른 자세 갖기는 지금도 지켜야 한다. 전차나 기차는 버스와 지하철로 바꾸면 좋겠다. '돋는 해'와 '지는 해'를 반드시 보기로 하는 건 어렵다. 아침에 일어나기 바쁘게 학교 가고, 늦도록 학원을 돌아야 하니까. 시간표에 맞춰 가방 바꾸는 일은 힘들다는 말이 가슴을 쳤다.

돋는 해와 지는 해를 보려면 자연으로 한 발짝 다가가야 한다. 아이들이 가슴을 펴고 햇살과 노을을 온몸으로 느끼는 것은 언제쯤 가능할까. 말을 꺼냈으니 일단 하루를 정해 돋는 해를 보기로 하고, 지는 해는 오늘부터 시작하자고 했다. 우리 반 밴드에 내가 본 해 사진을 올리자는 의견도 있었다.

선생님들과 의논해서 '어른들에게 드리는 글'은 가족들에게 전달하고 보호자가 어린이에게 쓴 편지를 받기로 했다.

5학년 1반 보호자님께

안녕하세요? 5학년 1반 담임 최은경입니다.

이제 곧 어린이날이 다가옵니다. '어린이'라는 말이 자리 잡기 전에는 딸년, 아들놈, 애들, 애새끼 등으로 불렸답니다. 어린이라는 말은 17세기 『경민편』 해설본에 처음 등장하지만, 존중의 의미를 담아 어린이라는 단어를 사용하고 널리 확산한 주인공은 방정환 선생님입니다.

방정환 선생님이 어린이날 행사를 시작한 지 곧 100주년이 됩니다. 최초의 어린이날은 1923년 5월 1일 노동절이었습니다. 당시 어린이는 온전한 사람으로 대접받지 못하고 많은 어린이가 가혹한 노동으로 고통받고 있었답니다. 방정환 선생님은 1923년 '어린이날 기념 선전문'에서 어른들에게 드리는 글 아홉 가지를 이야기했습니다. 그 첫 번째가 '어린이를 내려다보지 마시고 쳐다보아 주시오'입니다. 어린이를 어른보다 더 높게 대접하라는 뜻이 담겨 있습니다. 그리고 어린이와 자주 이야기해 주고, 쉽게 성내는 대신 자세히 타일러 주며 아이들끼리 서로 모여 놀 만한 놀이터와 기관 같은 것을 지어 주자고 했습니다.

또 이발이나 목욕같이 몸을 깨끗이 하는 일에 공을 들이고, 충분히 잘 수 있도록 해야 하며 산책이나 소풍 같은 야외활동을 위한 시간도 꼭 필요하다고 주장했습니다.

100년이 지난 지금, 우리 어린이들은 어떤 삶을 살고 있을까요? 우리 사회는 어린이를 환대하고 어린이의 권리가 잘 지켜지고 있는지 의문이 듭니다. 코로나 이후 아동 학대와 폭력이 증가했다는 뉴스를 듣습니다. 누구나 이용할 수 있는 가게 앞에 '노 키즈 존'이라고 써서 아이들을 잠재적 훼방꾼으로 여기고 가차 없이 몰아냅니다. 요린이(요리 초보), 주린이(주식 초보)라는 말을 만들어 뭐든 서툰 사람을 지칭하기도 합니다.

우리 곁에 있는 어린이 역시 학교와 학원을 오가며 학업과 성적 스트레스에 치이며 살고 있습니다. 아이들의 생활을 안타깝게 여기다가도 '미래를 위해, 다 너를 위해'라는 말로 눈감아 버리지 않았는지 돌이켜 봅니다. 모자란 존재가 아니라 천천히 정성껏 스스로 자라는 존재가 어린이지요. 어린이의 미래가 '어른'은 아니라고 생각합니다. 권리의 주체이자 생각을 키워 가는 한 사람인 어린이가 귀하게 존중받으며 자라길 바랍니다.

곧 아이들이 손꼽아 기다리는 어린이날을 맞이하게 됩니다. 선물에 대한 기대와 희망 사항도 쌓여 가겠지요. 저희 학년에서는 이번 어린이날에 따뜻한 사랑을 느끼고 간직할 수 있는 추억을 만들어 주고 싶습니다. 그래서 어린이날을 맞이하여, 보호자님의 정성이 담긴 '사랑의 편지'를 아이들에게 전달해 주고자 합니다.

아이를 처음 품에 안은 날, 아이를 기르며 행복하거나 힘들었던 순간들을 떠올려 보고 평소 쑥스러워서 하지 못했던 칭찬과 사랑의 표현과 마음을 자유롭게 써서 보내 주세요. 편지, 일기, 시, 수필 어떤 형식이든 가능합니다. 꼭 부모님이 아니더라도 할머니, 할아버지, 누나, 삼촌 등 가까운 친척분이 써 주셔도 됩니다. 그리고 편지는 다음 주 금요일까지 보내 드리는 봉투에 넣어 보내 주세요. 아이들이 볼 수 없게, 궁금한 마음이 자라도록 봉투는 풀로 꼭꼭 붙여 주세요.

댁네 모두 건강하고 행복한 나날 되시기 바랍니다.

추신 ─ 보내 드리는 편지지와 봉투를 이용해도 되고 직접 고르거나 만든 것을 활용하셔도 됩니다.

담임 최은경 드림.

대부분의 아이들이 편지를 받아 왔다. 5월 4일. 편지를 나누어 주고 답장을 썼다. 수업을 막 시작한 때, 다급하게 문 두드리는 소리가 들렸다. 복도에는 ○○이 엄마가 서 있었다.

"늦어서 죄송해요. 밤에 일하고 아침에 쉬는 직장이라 아이가 등교하는 줄도 모르고 있었네요. 지금 편지 줘도 될까요?"

"물론입니다. 딱 맞춰 오셨어요. 안 그래도 편지가 없어서 제가 편지를 썼는데 두 통이면 더 좋겠지요."

기쁜 얼굴로 돌아가는 ○○이 엄마의 등을 보며 괜히 울컥했다.

조용한 분위기를 만든 뒤 편지를 읽었다. 봉투를 여는 아이들 표정이 무척 다채로웠다. 읽기에 몰입하는 아이들. 눈물을 흘리거나 훌쩍거리기도 했다. 여러 번 읽고 마음에 드는 구절에 밑줄을 그었다. 몇몇 아이가 받은 편지를 소개했다.

"엄마는 저를 낳고 새로 태어났다고 했어요. 저를 낳을 때는 죽을 것처럼 아팠는데 제가 우는 소리를 듣자마자 새로 태어난 것처럼 기뻤대요."

"약속은 꼭 지킨다. 사랑하는 딸에게 북극곰 아빠. 이렇게 썼어요. 히히."

"언니가 알바해서 선물 사 준대요. 믿어 달라고 해요."

"방정환 선생님 이야기 잘 읽었대요. 선생님이 작가니까 저보고 잘 배워서 글도 잘 쓰라고 해요. 우아, 우리 엄마는 변함이 없네요."

이야기를 듣고 답장을 썼다. 나도 아이들 틈에 끼어 편지를 썼다.

그리운 부모님께

두 분 모두 편안하게 잘 지내시죠?

아버지께서는 하늘나라에서 엄마를 만나 더 행복하시겠어요.

저도 잘 지내고 있답니다. 지난 한식에 동생과 함께 두 분 계시는 산에 다녀왔습니다. 아버지 좋아하시던 단팥빵과 어머니 좋아하시던 과일 몇 개 놓고 절도 올렸지요.

앞이 탁 트인 양지 쪽에서 두 분 오순도순 지내실 거라 믿어요. 어릴 적에 아버지 손 잡고 어린이대공원에 갔던 일이며, 이맘때쯤 엄마가 해 주신 쑥떡과 쑥버무리를 먹던 기억도 납니다. 정말 고맙습니다.

저는 괜찮은 선생으로, 좋은 사람으로, 가족과 함께 나날이 행복하게 잘 지내겠습니다.

꼭 지켜봐 주세요. 이만 줄입니다.

5월 4일 딸 은경 올림.

편지를 쓰고 꽃을 만든 아이들은 가볍고 설레는 표정으로 교실을 나갔다. 단 하루의 주인공이 아니라 권리와 품위를 지키며 건강하게, 내내 스스로 삶의 주인공으로 자라길 바란다.

인권과 권리
그리고
공동체

방정환 선생의 「어린이날 선언문」을 시작으로 '유엔아동권리협약'과 '헌법'에 보장된 권리를 찾아보았다. 인권과 권리의 충돌은 장편 동화 『소리 질러, 운동장!』* 온작품 읽기로 시작했다.

읽기 전 작가와 작품에 대해 알아보고 내용을 예측한 후 매일 한두 장씩 꾸준히 읽었다. 한 주가 지났다. 아이들 목소리가 조금씩 커지더니 발음도 정확해졌다. 무엇보다 등장인물의 감정에 이입되는 과정에서 개성이 드러났다. 익살스럽게 혹은 근엄한 척, 진지하게 분위기를 잡고 읽기에 몰입했다. 다목적실 무대와 조명은 낭독의 맛을 더했다.

마지막 '14장 우리들의 월요일 오후'는 내가 읽어 주었다. 다 읽고 나서 한동안 가만히 있었다. 침묵 속에서 뿌듯하고 흐뭇한 감정을 나누었다.

---

*　　『소리 질러, 운동장!』(진형민 글, 이한솔 그림, 창비, 2015).

"또, 뭐 할 거예요?"

기대에 찬 질문이 나왔다. 다음은 작가가 숨겨 둔 보물을 찾는 것. '누가, 왜, 그렇게, 꼭, 만약 ~라면'을 넣어 질문을 만들고 비슷한 것끼리 묶었다.

-김동해는 처음부터 끝까지 진실만을 말했다. 왜 아웃이라고 했을까?

-김동해가 아웃이라고 했을 때 다른 사람들은 어떤 생각을 했을까?

-만약 내가 김동해라면 어떻게 했을까?

-공희주는 족집게 문제를 주고 운동장을 빌렸다. 스스로 문제를 해결했다고 할 수 있나?

-강 선수는 왜 막야구부에게 경기를 하자고 했나? 왜 착해졌지?

-감독님은 학교의 명예를 위해 막야구부 아이들에게 운동장을 양보하라고 했다. 운동장을 양보해야 하나?

-여자라고 야구부에 들어오지 못하게 하는 것은 남녀차별이다. 차별을 당하면 어떻게 해야 할까?

-김동해와 공희주만 이름이 있다. 강 선수, 김 선수, 감독님, 교장 선생님도 이름이 있다. 파리채, 실내화, 빗자루 같은 아이들은 왜 이름이 없나?

-그래서 결국 김동해와 공희주는 사귀게 되나?

-진형민 작가는 어떻게 이 동화를 썼을까? 작가가 되려면 어떻게 하나?

-글을 잘 쓰려면 어떻게 해야 하나?

좋은 책은 질문하게 한다. 『소리 질러, 운동장!』도 마찬가지다. '김동해, 공희주, 강 선수 그리고 감독님'까지 인물의 행동과 내적 가치에 대한 질문이 많았다. 나의 경험과 이어지거나 마음을 움직이게 한 질문을 골라 생각을 적고 발표했다.

-내가 만약 김동해라면 나도 "아웃, 맞는데요"라고 말했을 거다. 우리 팀이 아웃이었기 때문에 솔직하게 말할 것이다. 그 이유는 규칙을 잘 지켜야 재미있는 야구를 할 수 있기 때문이다.

-내가 만약 김동해라면 세이프가 아닌 아웃이라고 말했을 것이다. 왜냐하면 팀의 승리보다 정직하게 말하는 것이 더욱 중요하기 때문이다. 또 세이프라고 말해 승리를 해도 비겁하게 이긴 것이니 떳떳하지 못하다.

-나는 "그럼 공평하게 비디오를 다 같이 보고 결론을 내리는 건 어때요?"라고 말했을 거다. 그래야 나만 나쁜 사람이 되는 게 아니고 모두가 무슨 상황인지 알 수 있기 때문이다.

-내가 김동해였다면 '세이프'라고 말하면서도 고민했을 거다. 왜냐면 같은 편이 지는 건 좋은 일이 아니고, 6학년 형들을 생각하면 이기는 게 먼저이기도 하기 때문이다. 그러나 김동해처럼 정직이 중요한 사람은 어떤 상황에서도 정직하게 말하는 게 속 편한 일이다.

-공희주에게. 안녕? 나는 안산초 5학년 1반 OO이야. 두 가지 질문을 할게. 너는 공도 잘 던지는데 여자라서 야구부를 못 하잖아. 엄청 속상했지. 나는 네가 쫄지 않고 막야구를 하자고 할 때 멋지다고 생각했어.

그런데 족집게 문제를 줘서 운동장을 빌리잖아. 그건 좀 아니라고 봐. 왜냐면 아빠가 수학학원을 안 했으면 문제를 해결할 수 없잖아. 아빠가 안 줘도 그렇고. 다른 방법은 없었어? 그래도 아이들이 다시 운동장을 차지할 때 통쾌했어. 끝까지 김동해가 너랑 한편인 것도 좋았어. 우리 반 친구들이 너희 둘이 사귀냐고 물어봤어. 지금 어떻게 됐어? 사귀니? 꼭 사귀면 좋겠다.

-강 선수는 야구부 주장으로 자기 할 일을 했다. 시합을 먼저 제안하고 문제를 해결해 갔다. 운동장은 야구부만 사용하는 것도 아니고 막야구부가 모두 점령하는 것도 아니라는 생각을 가졌다. 가장 멋진 인물이다.

책 속에 있던 김동해, 공희주, 강 선수의 숨겨진 또 다른 생각을 파악할 수 있었다.

다음은 인권과 권리가 충돌되는 질문을 찾았다.

'감독님은 학교의 명예를 위해 막야구부 아이들에게 운동장을 양보하라고 했다. 운동장을 양보해야 하나?' 이것을 논제로 정했다. 찬성과 반대, 각 주장에 대한 근거를 찾아 활동지에 기록했다. 찬반은 제비뽑기로 했다. 찬성과 반대의 입론과 질문, 반론과 질문을 하고 배심원 판정으로 정리했다.

논제 : 막야구부는 학교의 명예를 위해 싸우는 야구부에게 운동장을 양보해야 한다.

-양보해야 한다.

주장 1 : 막야구부는 야구부에게 운동장을 양보해야 한다. 왜냐하면 원래 야구부가 운동장을 쓰고 있었고, 막야구부 아이들이 시끄럽게 하거나 방해를 하면 야구부 아이들에게 피해가 간다. 막야구부는 야구부와 의논도 없이 함부로 썼으므로 야구부는 원래 하던 대로 야구를 마음껏 할 권리가 침해되었다. 그러므로 막야구부는 야구부와 의논해 운동장 사용 면적을 정하거나 양보를 해야 한다.

주장 2 : 나의 주장은 막야구부가 양보해야 한다이다. 왜냐하면 (진짜) 야구부에게 방해가 될 수도 있고 또 최악의 경우에는 막야구부의 공이 야구부 쪽에 가서 다칠 수도 있기 때문이다. 또 막야구부가 시끄러워 야구부가 집중이 안 될 수 있다. 야구부가 다치면 상황이 안 좋아져서 공희주와 김동해가 곤란할 수 있기 때문이다. 또 야구부는 학교를 위해 하는 것이다. 학교 명예가 무너지면 안 된다. 태권도에서도 시범단이 연습할 때는 다른 사람들이 비켜 준다. 그리고 감독님 말대로 짭 야구부보다 찐 야구부가 중요하기 때문이다.

-양보하지 않아야 한다.

주장 1 : 양보하지 않아야 한다. 왜냐하면 서로 하는 장소도 다른데 왜 하지 말아야 하는가? 그리고 선수들이 실수하고 집중 못 하는 게 막야구부 때문이라고 생각하는 것도 감독님 개인 생각이기 때문이다. 그리고 야구부만 운동장을 쓰면 막야구부는 어디서 야구하나? 다 같이 써야 한다. 학교를 위한 야구부도 막야구부도 똑같은 야구부다. 야구를 하고 싶은 마음은 같다. 선수가 아니고 야구를 못 하는 아이들도 하고 싶다. 막야구부도 운동장을 사용할 권리가 있다.

주장 2 : 막야구부는 운동장을 양보하면 안 된다. 왜냐하면 막야구부도 6학년 1반 선생님께 승인을 받았고, 꼭 막야구부만 운동장을 나가야 한다는 법은 없다. 막야구부도 운동장에서 야구를 할 권리가 있기 때문이다. 그리고 운동장은 원래 놀아야 하는 곳이다. 그런데 학교 명예를 위해 쫓아내는 것은 옳지 않다고 생각한다.

토론 후 배심원을 맡은 아이들은 판결문을 썼다. 반대편 손을 들어주었다. '양보하라는 감독님 말에 기죽지 않고 아이들 스스로 당당하게 운동장을 찾아야 한다.' 하지만 공희주가 쓴 '쪽집게 문제은행'은 꼼수라고 판결했다.

책을 읽고 토론한다고 권리 문제가 해결되는 건 아니다. 운동장 사용 문제가 그렇다. 학년별 사용 시간과 규칙이 있지만, 저학년은 고학년에게, 여학생은 남학생의 선점에 불만이 끊이지 않는다.

아이들이 쓴 판결문을 다시 본다. '상대방과 자신의 권리가 충돌할 때 먼저 당사자끼리 만나서 이야기하는 것이 중요'하다는 문장에서 해답을 찾을 수 있겠다.

함께 읽고 토론하며 쟁점을 찾아가는 일은 세상을 비판적으로 보고 창의적인 문제 해결을 모색하는 길이다. 인권교육도 마찬가지다. '인권'은 모든 사람의 권리다. 그래서 한 사람인 학생과 교사, 어린이와 어른은 편 가르기를 벗어나 같은 크기의 권리를 가진 공동체 일원으로 살아가는 힘을 길러야 한다. 권리 침해 문제는 타인 존중과 정의의 관점에서 함께 해결하려는 의지를 키우고 실천하며 몸으로 익히는 것이 필요하다.

인권의
눈으로
보다

존중받는 어린이는 권리와 정의에 민감하다. 예민한 감각으로 불편한 점을 지나치지 않는다. 5~6학년 사회참여 동아리 '소나무(소중함을 나누는 무적의 아이들)'는 안전한 등굣길 만들기를 했다. 소나무가 만든 영상 〈아름다운 학교, 안전한 등굣길〉(2019)은 살아 있는 교육자료다.

영상은 학교 주변 도로에 인도가 없어 차도로 다녀야 하는 문제를 다루고 있다. 위험한 상황을 주변에 알리려고 주민과 학생 대상 캠페인을 하고 서명도 받았다. 주민센터를 방문해서 청원서를 낼 때는 이를 지켜보던 아이들이 '멋지다!' 탄성도 질렀다. 재미있겠다, 해 보고 싶다는 말이 나왔다.

학생 사회참여는 우리 역사와 전통 속에서 찾을 수 있다. 일제강점기 방정환 선생님을 비롯하여 천도교 소년회에서는 어린이청소년의 자립을 돕고 인권을 지키기 위해 다양한 운동을 전개하였다. 1923년부터 발행된 아동 잡지 『어린이』와 당시 신문에서 조선 어린이가 학대받은 일을 고발한 기사를 볼 수 있다. 4·19를 지나 현재까지 학생의 사회참여와 개척 정신은 지금까지 이어져 왔다.

영상을 본 다음 '인권의 눈으로 본 우리 학교' 프로젝트를 시작했다. 학교를 직접 돌아다니며 장애인과 비장애인 모두를 포함하여 위험하거나 불편한 곳을 찾아 문제를 분석한 후 개선하는 활동이다. 두 가지 단계로 진행되었다. 1단계는 모둠별로 공간을 정하고 개선할 점을 찾아 주변에 알리는 것이다. 학교 건물, 주차장과 후문, 중간 뜰과 학교 현관, 놀이터와 운동장, 강당과 텃밭, 정문과 등굣길로 나누어 사진을 찍고 설명글을 덧붙였다.

-주차장 쪽 화단이 앞으로 튀어나온 곳이 있어서 차를 피하거나 주차할 때 부딪힐 위험이 있다.

-중간 뜰 나무 의자가 나사가 빠진 곳이 있어서 흔들린다.

-그네와 유치원 미끄럼틀 내려오는 곳이 부서졌다.

-강당 옆 텃밭은 수도 시설이 없어서 큰 통에 물을 넣어 놓았다. 빠질 수도 있고 다칠 수 있다.

-1층부터 3층까지 연결되는 복도에 경사로가 있다. 천천히 걸어갈 때는 괜찮지만 뛰거나 장난치면 미끄러워 넘어지거나 다칠 수 있다. 특히 1학년 교실에서 유치원 가는 곳과 도서실 복도가 가장 위험하다.

-정문 앞 등굣길도 경사로인데 차가 다닌다. 차도가 보이도록 해야 한다.

조사 후 우리가 찾은 문제점과 비슷한 사례가 있는지 검색했다. 그리고 해결책을 찾아 '이전'과 '이후'로 나누어 포스터와 영상을 만들었다.

2단계는 직접 행동하기다. 복도에 포스터를 붙이고 가장 먼저 해결되어야 할 것은 무엇인지 설문 조사를 했다. 제일 많이 나온 의견은 '복도 경사로에 미끄럼 방지 테이프 부착하기'였다. 청원 활동을 어떻게 할지 협의했다. 두 가지 의견이 나왔다. 전교학생자치회에 건의하기와 학생 대표가 교장 선생님을 직접 만나서 청원서를 제출하는 것이다. 두 가지 방법을 접목해서 학년 대표와 교장 선생님 면담을 계획했다. 5학년 대표들은 각 반에서 나온 의견들을 모아 크게 네 가지를 요구했다.

- 미끄럼 방지 테이프 붙이기
- 조회대 난간 수리
- 장애인 화장실 청소 및 용구 개선
- 장애인 경사로 설치와 끊어진 점자 보도블록 연결하기

교장 선생님과 대표들이 만난 이후 놀라운 일이 생겼다. 등교 시간 전부터 미끄럼 방지 스티커 붙이기가 시작됐다. 제안한 아이들은 포스터를 들고 현장을 찾아가서 교장 선생님과 함께 일하시는 분들을 만나 설명을 들었다. 며칠 후 교장 선생님께서 제안서에 대한 답장을 보내 주셨다. 활동을 마치며 아이들이 쓴 글에서 어떤 배움이 있었는지 알 수 있다.

나는 프로젝트 수업 '인권으로 만나는 세상'을 통해 인권의 중요성을

알았다. 인간이 인간답게 살아가는 데 필요한 기본적인 권리, 그것이 인권이다. 인권으로 우린 안전하고 행복한 세상에서 살 수 있다. 그러나 세계 곳곳에 인권이 지켜지지 않는 경우도 수두룩하다. 『거짓말 같은 이야기』*를 읽고 '이것이 진짜 지구에서 일어나는 일인가?'라는 생각을 한 적도 있다. 그런 생각을 가지고 학교를 둘러보니 학교만으로도 우리의 인권을 침해하는 안전하지 않은 시설물들이 많았다. 아이들이 열기 힘든 무거운 문부터 미끄러운 복도 내리막길, 덜렁거리는 액자 등등. 학교엔 학생들의 인권을 침해하는 것이 많았다. '인권의 눈으로 본 우리 학교'를 하면서 이런 시설물들을 고치고 보수하였고, 미끄러운 복도 내리막길에는 미끄럼 방지 스티커를 부착했다. 이렇게 하나하나씩 바꿔 나가니 어디서든 인권을 지켜낼 수 있겠다는 자신감이 생겼다.(남○○)

학교가 바뀐다는 건 신기하고 가슴 뛰는 일이다. 배우기만 하는 것이 아니라 자기 목소리를 내어 권리를 실천하였기 때문이다. '어디서든 인권을 지켜 낼 수 있는 마음'이 바로 자존감이자 효능감이다. 작은 성공 경험은 타인을 존중하는 공존의 힘으로 이어질 것이다. 이제 5학년 아이들은 인권의 눈으로 세상을 볼 수 있는 시민으로 자랄 것이다.

---

*　『거짓말 같은 이야기』(강경수 글그림, 시공주니어, 2011).

모나와
초록
이구아나

한 달 전까지 모나는 교실에 들어오지 않고 도서실 쉼터나 운동장에 있었다. 아이들이 좋아하는 급식도 하지 않았다. 전담 시간이면 모나와 함께 학교 주변을 산책했다. 감자밭도 가고 벚꽃 피는 관아 마루에 누워 하늘도 보았다. 학교에서 일하시는 분들과 인사하며 얼굴을 익혔다. 급식소에 가서 영양사님께 맛난 간식도 받았다. 그렇게 학교와 가까워졌다.

어느 날, 모나가 고양이 이야기를 했다. 도서관에서 고양이 그림책을 찾아 읽고 고양이를 그렸다. 태블릿으로 특징을 알아보았다.

그즈음 실과 동물 기르기에서 반려동물 소개를 하고 있었다. 모나는 자기도 참여하고 싶다고 했다. 이튿날 모나는 녹색 이구아나를 데리고 교실로 왔다. 아이들의 눈이 커졌다.

"궁금한 게 있으면 물어봐."

이름이 뭐냐? 몇 살이냐? 어디서 왔나? 어떻게 키우냐? 왜 이구아나를 키우냐? 이구아나가 좋아하는 건 뭐냐? 질문들이 쏟아졌다.

"초록이라고 불러줘. 몸은 사나워 보이지만 아주 온순해. 이구아나는 주로 나무 위에서 생활하고 과일, 곤충, 지렁이, 새 등을 먹는데 초록이는 초식성이야."

막힘없이 이야기하는 모나를 보고 내심 놀랐다. 모나는 이구아나 외에도 많은 동물을 키운다. 말하는 앵무새를 데려오겠다는 말에 함성이 터졌다.

사실 모나는 전학 오기 전부터 VIP로 명성이 자자했다. 전학 온 모나를 위해 온 학교가 정성을 들였다. 교장, 교감 선생님이 번갈아 가며 부모님과 상담을 했다. '어려움이 있으면 혼자 해결하지 않는다'가 우리 학교 문화다. 교실 적응이 어려운 아이들은 매주 월요일 교장 선생님을 만난다. 산책도 하고 책도 읽고 글쓰기도 한다. 학년이 다른 아이들도 서로 친구가 된다. 모나도 그렇게 우리 학교 아이가 되어 갔다. 가장 많이 기다려 준 것은 아이들이었다.

하지만 코로나는 모나를 옛날로 돌아가게 했다. 아침 등교를 힘들어했고, 식사도 규칙적이지 않았다. 몸무게가 많이 늘어서 호흡이 가빠졌다. 4월부터 지역 센터에서 상담을 받았다. 가족 면담을 하며 모나를 조금씩 이해하게 되었다.

엄마가 들려준 이야기에 마음이 아팠다. 생후 6개월부터 부모와 떨어져 친척과 외갓집을 옮겨 다니며 자랐다. 초등학교에 입학하면서부터 부모님과 함께 살게 되었다. 그때부터 엄마와 떨어지지 않으려고 과잉행동이 시작되었다. 엄마는 학교가 아이를 잘 봐주지 않았다는 원망도 했다. 대안학교 가기 직전 마지막 심정으로 작은 단위의 혁신학교를 찾았고 우리 학교에 왔다는 것이다.

올해는 모나를 위해 엄마가 일하는 시간을 줄이고 가능하면 곁에서 돌봐주려고 했다. 그러자니 엄마 역시 우울감이 컸다. 엄마도 치료를 받기 시작했다. 가정이 안정되니 아이의 학교생활도 점점 좋아졌다.

모나가 좋아하는 고양이 그림책과 동화를 같이 읽었다. 동물 관련 직업과 동물 음식 만들기에 관심이 많고, 직접 만들어 판매하고 싶다고 했다. 하고 싶은 일이 생긴 모나는 엄마의 손을 놓고 친구들이 있는 교실로 왔다. 참 고마운 일이다.

그 후 모나는 자기 분신인 이구아나와 거북이, 고슴도치를 데리고 왔다. 어느 날은 뱀을 가져와서 모두를 충격에 빠뜨렸다. 이제 모나는 학교 급식을 먹고 체육이 있는 화요일과 목요일은 오후 수업까지 하게 되었다.

모나는 Z세대다. 디지털 기기를 잘 다루고 유행에 민감하다. 덕분에 우리 반 누리집에 반려동물 폴더가 생겼고 모나가 올린 사진과 글이 많아졌다. 맞춤법도 정확하고 '조회 수'와 '좋아요'가 무척 많아졌다. 무엇보다 길고양이에게 관심이 많았다. 길고양이를 구한 적도 여러 번 있었다. 센터에서 하는 구조 활동에 참여해 시흥까지 가서 위험한 상황의 고양이를 구하기도 했다.

안녕하세요? 저 모나예요.

제가 몇 주 전에 두 달 정도 된 아기 고양이를 구조했어요. 제가 인스타

그램을 하는데 인스타 디엠으로 연락이 왔어요. 경기도 부천에서 아기 고양이가 온몸에 끈끈이가 묻어 있다고 어떤 분이 제보를 하셨어요. 그래서 제가 마침 부천이라 구조하러 달려갔죠. 근데 고양이는 다른 사람을 막 물려고 하다가 태권도장 지하실로 내려갔어요. 그래서 지하실로 들어가 구조를 하고 주변 공중화장실 가서 고양이 몸을 한 번 씻겼어요. 너무 끈끈이가 심했어요. 아기 고양이를 어떻게 할까 하다가 수암동에 있는 ○○애견숍에 연락했어요. 사장님이랑 친한데 데리고 오라고 하셔서 데려갔어요. 사장님이 보고 구조 안 했으면 죽었을 거라고 해요. 그래서 일단 식용유로 끈끈이를 뗐어요. 며칠 더 끈끈이를 떼야 해서 숍에 맡겨 두었어요. 친구들이랑 또 보러 갈 거예요.

모나의 생각을 지지한 아이들이 '길냥이 구조대'를 만들었다. 쉴 수 있는 공간을 만들어 물과 사료를 주고 주변을 청소했다. 그런데 동네 주민과 마찰이 생겨서 쉼터를 계속할 수 없게 되었다. 아이들이 무척 속상해했다. 다행히 애견 카페 사장님이 쉼터를 가게 근처에 둘 수 있게 해 주었다. 아이들은 '길냥이 구조대' 역할을 계속하며 우정을 키웠다.

초록 이구아나와 함께 온 모나가 있어 동물의 삶을 제대로 볼 수 있게 되었다. 모나는 아이로 변장한 스승이다.

6월

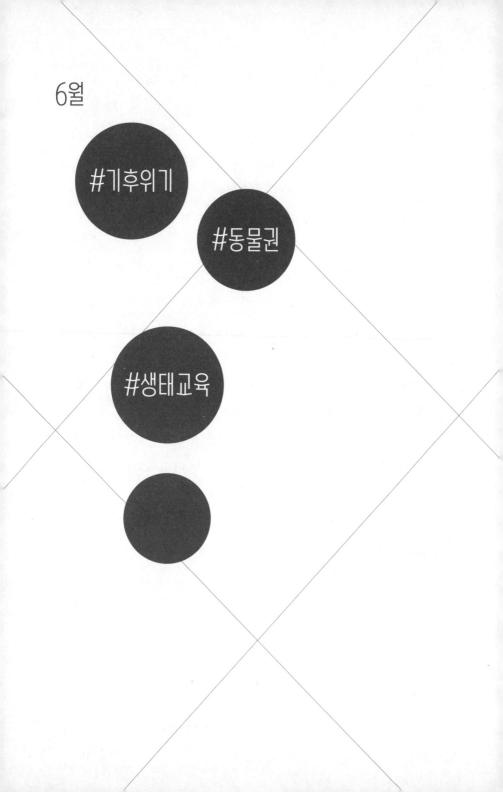

#기후위기

#동물권

#생태교육

우리가 살아갈 세상이 기후 변화에서 기후위기까지
왔다. 수업 후에도 여전히 지구 온도는 높아지고
있으며 아이들은 스스로 멸종세대라고 한다.
어떻게 살아가야 하나? 그 해답은 오늘 우리가 나눈
작은 이야기에 숨어 있다. 기후위기에 쫄지 않고,
꿀벌과 길고양이와 같이 행복하게 살아가는 방법을
맹렬하게 상상하고 찾아가는 것이다.

생명을 향한
공감과
예의

6월이 되자 학교 텃밭이 풀밭이 되었다. 출근하면서 방울토마토에 물을 주고 풀도 뽑았다. 진딧물이 생겨 생태연수에서 만든 천연 살충제를 뿌렸다. 오전에 아이들과 감자밭에 물 주고 땀 식히러 관아 터에 갔다. 갑자기 연우가 얼굴이 빨갛게 돼서 왔다.

"샘, 애들이 순이 묻은 곳을 자꾸 밟고 놀려요."

"그래? 순이가 누군데?"

"히잉, 순이는 내 친구고…… 지금은 하늘나라에 있다구요."

어떻게 위로하면 좋을지 또 놀린 아이들에게 무엇을 알려 주면 좋을지 고민이다. 아이들이 연우를 위로했다. 실과에서는 동물을 기르고 그 쓸모에 대해 배운다. 이젠 쓸모보다 관계를 먼저 생각하고 배워야 한다. 인권이 소중한 만큼 비인간인 동물과 식물의 생명과 권리에 관심을 가지고 교육해야 한다. 동물과 생명에 대한 새로운 관점을 알려 주는 텍스트가 필요하다. 선생님들과 의논해서 '동물권과 생명'에 대한 수업을 구성했다.

먼저 동화 「오, 미지의 택배」*를 읽었다. 제목을 보고 생각을 나누었다. '택배'는 선물, 할머니가 보낸 고구마, 아빠가 하시는 일을 떠올렸다. '미지'라는 뜻은 잘 모르겠다고 해서 일단 동화를 읽기 시작했다.

아홉 살 미지가 자기 이름으로 온 첫 택배를 받았다. 택배 상자에서 나온 것은 운동화. 이 운동화를 신고 하늘나라를 향해 달리게 된 사연이 들어 있다. 책을 읽은 다음 삽화를 프린트해서 칠판에 붙였다. 삽화를 보고 미지의 변화와 관련된 핵심 단어를 찾아 썼다.

하얀 운동화, 눈물 단추, 하늘나라 봉자마을, 새로 핀 벚꽃, 사랑한다고 말하기

단어 하나로 한 문장씩 만들었다. 만든 문장을 이어서 말하고 미지의 감정도 알아보았다.

하얀 운동화를 택배로 받고 설명서를 읽었다.(궁금한 마음)

미지의 눈물 단추인 봉자는 아파서 하늘나라로 떠났다.(슬프고 아픈 마음)

다시 만난 봉자는 하늘나라에서 봉자마을을 만들어 잘 지내고 있었다.(놀라운 마음)

미지는 봉자가 새로 핀 벚꽃으로 태어날 수 있다는 말을 들었다.(아쉽

---

* 　　『쿵푸 아니고 똥푸』(차영아 글, 한지선 그림, 문학동네, 2017).

지만 기대하는 마음)

그 뒤로 미지는 사랑한다는 말을 할 수 있게 되었다.(당당한 마음)

짧은 동화지만 반려동물과 관계를 깊이 느끼게 한다. 행복한 감정과 이별과 슬픔 그리고 애도까지. 읽기 후 활동으로 나의 경험을 떠올려 글 쓰기를 했다.

-병아리를 기르면서 좋았던 일이 많았다. 병아리 삐삐가 쑥쑥 크고 몸이 변했다. 그런데 마지막 순간에 병아리가 죽어서 산에 묻어 주었다. 그래서 많이 슬펐다.

-사슴벌레를 키웠는데 어느 날 집을 만들었다. 갑자기 집을 해 준 다음 날 나무에 깔려 못 나와서 죽었다.

-햄스터를 기르면서 좋았던 일이 더 많았다. 정말 귀여웠다. 마지막 순간은 좋았던 기억은 안 나고 슬프기만 했다.

-나는 반려동물 기르기에서 책임감을 가져야 한다고 생각한다. 잘 키울 수 있는지 수천 번을 더 생각해야 한다고 생각한다.

-제일 중요한 것은 책임감을 가지는 것이다. 키우기 전에 고민을 수천 번 더 해야 한다. 미지의 택배를 읽고 나니 앞으로 더 생각해야겠다.

-봉자가 미지와 만날 때 너무 감동적이었다. 동물들이 학대받지 않았으면 좋겠다.

-미지는 친구 봉자를 잃고 많이 슬펐다. 그만큼 반려동물은 사람에게 소중한 존재인 것이다. 이 작품을 읽고 인간이 동물과 평화롭게 살려

면 마지막 또한 잘 지켜줘야 한다는 걸 알았다.

–나에게 눈물 단추는 달달이, 순이, 몽실이다. 우리 순이(골든 리트리버)는 암 때문에 하늘나라에 갔다. 많이 아파서 병원도 가고 약도 먹었는데 마지막에 조용히 숨을 쉬고 갔다. 달달이(페르시안 고양이)는 심장마비로 하늘나라로 갔다. 갑자기 가서 인사도 못 했다. 몽실이(강아지)는 나이가 많아서 하늘나라로 갔다. 몽실이는 수명이 다해 갔다. 세 마리 모두 보고 싶다.

아이들은 자기 이야기를 담담하게 말했다. 연우네 순이가 아플 때 가족들이 모두 간호하고 힘들어한 이야기는 듣기만 해도 슬픔이 느껴졌다.

"선생님도 어릴 적 키우던 개와 고양이가 있었어요. 개나 고양이는 사람보다 수명이 짧아요. 그렇다는 걸 몰랐지요. 우리 개 메리는 한쪽 다리를 절었어요. 날 때부터 그랬는데 할머니가 건강한 강아지는 다른 집에 주고 메리를 키우자고 해서 속상했죠. 그런데 나중에 어른이 되고 보니 할머니 말씀이 옳았다는 생각이 들었어요. 메리는 오랫동안 살았고 새끼도 낳고 행복했어요. 어느 날 집에 왔더니 메리가 없었어요. 메리가 멀리 갔다고 했죠. 그때 참 슬펐어요. 할머니는 누구나 죽음을 피할 수 없다고 하셨어요. 좋은 곳에 잘 묻어 주자 하셨죠."

내 이야기를 들은 아이 하나가 손을 들고 말했다. 순이와 연우에게 사과하겠다고 한다. 이젠 놀리지 않겠다고 했다. 이별과 애도의 마음을 함께 나누면 내가 모르는 너의 마음을 알 수 있다. 더 깊이 가면 동물과 식물의 마음에도 닿지 않을까.

꿀벌과
함께
살기

뜨거운 햇살 아래 감자는 쑥쑥 자랐다. 물을 주고 풀도 뽑았다. 2학년 동생과 같이 있으니 맘껏 투덜거리지도 못하는 눈치다. 과학실도 음악실도 못 가는 요즘, 텃밭 가는 일은 참 즐겁다. 오가는 길이 더웠는데 감자꽃 노래를 떼창으로 부르며 더위를 날렸다. 시원한 교실에 오니 살 것 같다고 했다. 근이가 폭염이 뭐냐고 물어서 뜻을 설명했다.

"폭염은 한자 말인데 햇볕 쪼일 폭(暴)과 불탈 염(炎)이란 뜻으로 매우 더운 날씨를 말해요. 낮 최고기온이 33도 이상이면서 이 더위가 2일 이상 지속될 것으로 예상될 때는 폭염주의보가 내리고, 낮 최고기온이 35도 이상이면서 이 더위가 2일 이상 지속될 것으로 예상될 때 폭염경보가 발령됩니다."

비슷한 말인 '이상기온'도 찾아보면서 자연스럽게 사회 공부로 연결했다. 지도와 도표를 읽고 기후와 기온, 날씨와 자연재해까지 알아보았다.

"폭염과 같은 이상기온은 왜 생길까요? 단순한 자연현상일까요?"

내 질문에 아이들은 생각하는 표정을 지었다. 대답 없는 어색한 상황이 계속되었다. 내가 알려줘야 하나 조금 더 기다려야 하나 고민하는데 송이가 손을 들었다. 자연현상이긴 한데 폭염이 점점 길어지고 이상기온이 생기는 건 기후 변화 때문이며 환경 오염이 가장 큰 원인이라고 했다. 자세하게 알려 달라고 요청했다.

"그러니까 공해, 탄소가 많이 발생하면 오존층이 파괴되어 태양광선 중 해로운 광선이 그대로 지구로 와요. 오존층 사이에 있는 생명체들이 멸종하거나 파괴가 되는 거예요."

감탄하는 눈빛들. 기후위기와 관련된 낱말을 찾아 써 보았다. '지구 온난화, 기후 난민, 멸종세대, 기후 행동, 툰베리' 등이다. 내일은 태블릿으로 기후위기와 극복 방법을 자세히 알아보기로 했다.

급식 먹고 나서 방울토마토를 보고 온 아이들이 우르르 몰려왔다. 꽃이 피었는데 꿀벌이 보이지 않는다고, '꿀벌이 살지 못하면 사람도 4년 이내에 멸망하게 된다'는 말이 사실이냐고 물었다. 일찍 죽기 싫다고 할머니 될 때까지 살고 싶은데 왜 죽어야 하냐며 소리를 높였다. 흥분한 아이들을 가라앉힌 다음 꿀벌 이야기를 시작했다.

책장에서 그림책 『노각 씨네 옥상 꿀벌』*을 가져왔다. 표지를 본 아이들이 옥상에서 꿀벌을 키우는 그림에 눈을 반짝였다.

노각 씨가 주인공이다. 그는 도시에 살며 높은 빌딩 속에 있는 회사로

---

* 『노각 씨네 옥상 꿀벌』(이혜란 글그림, 창비, 2016).

출근하고, 주말에는 아이들과 주말농장에 간다. 올해는 딸기를 듬뿍 심었는데 이상한 일이 생겼다. 딸기꽃은 잔뜩 피었는데 딸기가 얼마 달리지 않았고, 그나마 달린 열매는 괴상한 모양을 하고 있었다.

"왜 그렇게 되었을까?"

그림책을 덮고 질문을 했다. 꿀벌과 관계가 있다는 아이들 생각이 맞았다. 꿀벌이 줄어서 열매가 잘 열리지 않게 된 것이다. 다시 책 속으로.

"아빠, 우리가 꿀벌을 키우면 되지!"

아이가 장난처럼 던진 말에 노각 씨는 벌 키우는 법을 배우고, 도심 한복판에서 꿀벌과 함께 살아간다. 이제 노각 씨는 도시에서 벌 키우는 법을 가르치는 선생님이 되었다.

그림책을 본 아이들은 말했다. 회사를 그만두고 벌 키우는 법을 가르치는 선생님이 된 노각 씨는 참 용기 있는 사람이다. 찬성한 가족들도 대단하다. 사람과 꿀벌 모두 행복해야 한다. 꿀벌이 없으면 먹을거리가 사라진다. 꿀벌은 대단하다. 사회에서 환경보고서 만들기가 중요한 공부란 걸 알게 되었다.

다음 날 기후위기와 생태 관련 책을 빌려오고 검색에 사용할 태블릿 PC, 전지 크기의 보고서와 이젤도 준비했다. 사회 교과서에 나온 보고서 예시를 자세히 보았다. 탐구 주제를 알아보고 원인과 대처 방법을 찾는 것이다. 잠시 후 "이 보고서에서 빠진 부분이 있을까요?"라고 질문했다. 생각하는 아이들. 시간을 주고 긴장된 분위기를 대화로 풀어야 아이들의 생각을 들을 수 있다. 속으로 30초를 더 센 후 아이들을 보았다. 무언가 말하고 싶은 시O와 눈이 마주쳤다. 나는 아주 정중하게 너의 생각이 뭐냐고 물었다.

"꿀벌을 기른 노각 씨처럼 그런 사람이나 이야기가 없어요."

"그렇군요. 어디서 찾아보면 될까요?"

내 질문에 아이들은 진지하게 생각했다. 저탄소 환경은 식물을 잘 가꾸어야 하니 우리 학교 옥상에서 식물을 키우는 주무관님을 찾아가 보겠다, 꿀벌을 기르는 송이 할아버지에게 질문하겠다, 온난화를 막는 저탄소 생활과 지금 실천하는 친구의 이야기를 들어보겠다, 마을 공동체 회관에도 가 보겠다. 아이들이 어떤 해답을 찾을지 궁금하다.

태블릿을 이용하여 '기후위기'의 뜻과 원인을 찾아 배움 공책에 정리했다. 그리고 모둠별로 해결 방법을 찾아 나섰다. 안산시자원봉사센터인 '들락날락'에 계시는 봉사자와 옥상 텃밭을 가꾸는 주무관님과 실무사님, 송이네 할아버지를 찾아뵙고 궁금한 점을 알아보았다.

'들락날락'에서는 그동안 우리 마을에서 진행하고 있는 다양한 활동들을 소개해 주었다. 동네 공터가 쓰레기 더미로 지저분해져서 주민들과 학생들이 꽃밭을 만든 것이 인상 깊었다. 수리산 생태체험도 좋은 자료가 되었다.

주무관님께 옥상 텃밭에 식물을 심게 된 까닭과 심고 나서 좋은 점, 어려운 점도 인터뷰했다. 옥상 텃밭이 있어 교실로 오는 열기를 막아 준다. 상추와 쑥갓, 오이는 급식으로 제공된다. 인터뷰 영상을 보며 가까운 곳에 기후위기를 위해 애쓰는 분이 있음을 알게 되었다.

–꿀벌이 이렇게 큰일을 하는지 몰랐다. 서울뿐 아니라 세계 유명한 도

시에서 꿀벌을 키운다는 걸 처음 알게 되었다. 송이 할아버지는 많은 동물을 키우신다. 나는 수탉 울음소리가 그렇게 큰지 처음 알았다. 꿀벌 키우는 일이 쉽지 않다고 하셨다. 꿀벌 키우는 학교도 있다. 고등학교다. 정말 학교에서 꿀벌을 키울 수 있을까. 궁금하다.

-우리 학교 옥상에는 수세미, 오이, 강낭콩, 가지가 자라고 있다. 모두 덩굴식물이다. 천연 수세미를 만든다. 더운 옥상에 그늘이 되기도 한다. 정말 꿀벌이 있었다. 꽃으로 들어가는 걸 보았다. 앞으로 들어갔다가 뒤로 살살 나왔다. 꿀벌도 꿀을 준 꽃이 고마운 거다. 나도 꿀벌에게 고마운 마음을 가졌다. 우리 학교 옥상에도 꿀벌을 키울 수 있는지 물어보았다. 할 수 있는데 쉽지 않다고 했다.

-오랜만에 고구마밭에 갔는데 길냥이가 있었다. 학교까지 따라왔는데 우리가 간식도 줬다. 나비도 찾고 벌도 있었다. 꿀벌이 이렇게 반가울 수가. 꿀벌 본 날을 꼭 기억할 거다. 학교 근처를 돌아다니다가 땃쥐동산까지 갔다가 돌아왔다. 꿀벌 찾으러 다니다 길냥이를 많이 만난 날이다. 지구가 더워지니 길냥이도 힘이 없었다. 꿀벌과 사람과 길냥이가 같이 살아가는 방법을 생각해 보자.

우리가 살아갈 세상이 기후 변화에서 기후위기까지 왔다. 수업 후에도 여전히 지구 온도는 높아지고 있으며 아이들은 스스로 멸종세대라고 한다. 어떻게 살아가야 하나? 그 해답은 오늘 우리가 나눈 작은 이야기에 숨어 있다. 기후위기에 쫄지 않고, 꿀벌과 길고양이와 같이 행복하게 살아가는 방법을 맹렬하게 상상하고 찾아가는 것이다.

동물에게도
권리가
있을까?

배움은 순환과 변환이다. 인권 프로젝트 수업이 기후위기로 확장되고 결국은 나의 삶을 고민하게 한다. 기후위기는 동물권, 어린이 인권 그리고 기후난민과 연결된다.

지난 4월 25일, 5~6학년 자율 동아리 '반려동물부'에서는 실험동물의 실태를 알아보고 그 참상을 알리는 활동을 했다. 우리 반 아이들도 많이 참여했다. 주제가 확장되면서 인간과 동물의 관계를 깊이 있게 다룬 텍스트가 필요했다. 동물의 특성을 잘 알고 작품성을 가진 그림책 『돼지 이야기』*와 영화 〈P짱은 내 친구〉**를 보았다.

그림책 『돼지 이야기』는 읽을 때마다 불편하다. 반려동물과 똑같은 생명

---

* 『돼지 이야기』(유리 글그림, 이야기꽃, 2013).

** 〈P짱은 내 친구〉(마에다 테즈 감독, 2008).

을 가진 돼지가 어떤 환경에서 사육되는지 명징하게 보여 준다.

책의 배경은 지난 2010년 11월부터 이듬해 3월까지 우리나라를 휩쓴 '구제역 사태'이다. 이 사태는 돼지 약 332만 마리, 소는 약 15만 마리를 '살처분'하는 것으로 일단락되었다. 이 일은 가축들뿐만 아니라 사람들에게도 엄청난 비극이었다. 그림책은 어미 돼지의 마음결을 따라가면서 무슨 일이 일어났는지를 담담하게 그리고 있다.

책장을 열면 '평범한' 축사가 보인다. 그 안에 칸칸이 나뉜 분만사가 있다. 갓 새끼를 낳은 어미 돼지가 아기 돼지들에게 젖을 물리고 있다. 얼핏 평화로워 보이는 풍경이다. 그러나 몸을 옥죄는 분만틀에 갇힌 어미는 새끼들을 핥아 줄 수도, 품을 수도 없다. 새끼들은 태어나자마자 이빨과 꼬리를 잘리고 3주 뒤 어미와 헤어진다. 좁은 사육틀 안에서 몸을 움직일 수 없는 돼지들은 전염병에 아주 취약하다. 구제역이 창궐하자 사람들은 구덩이를 팠다. 방제복을 입은 사람들은 몽둥이와 전기 막대로 돼지들을 몰아간다. 처음이자 마지막이 될 그 외출의 끝은 커다란 구덩이. 돼지들은 굴삭기에 떠밀려 산 채로 파묻히는데, 절박한 가운데도 어미는 헤어진 새끼들을 찾아 두리번거리는 모습이다. 읽고 나니 가슴이 먹먹했다.

-돼지들이 평소에 흙을 못 밟다가 살처분할 때 처음 흙을 밟고 무서워하는 것이 불쌍하다. 돼지가 이렇게 고생하는 줄 몰랐다. 평소에 아무 생각 없이 맛있게 먹었는데 이제 돼지를 먹을 때 미안한 마음을 가지고 먹어야겠다.

-돼지는 지저분하고 둔한 동물로 알았다. 깔끔하고 시원한 걸 좋아하

는 줄 몰랐다. 돼지도 건강하게 자랄 권리가 있다. 어미돼지가 젖을 먹이고 3주 만에 새끼들이랑 헤어진다는 게 마음이 아팠다. 새끼들은 꼬리와 이빨이 잘릴 때 너무 아프겠다. 331만 마리가 살처분당한 것이 불쌍하다. 살아 있는 생명을 그냥 죽인다는 건 너무한 일이다. 우리 할아버지도 돼지를 키우다 그만두셨다. 값이 안 나가서다.

공장식 축산업 대신 동물복지 축산을 하는 농가를 알아보았다.

"샘, 송이네 닭도 동물복지로 키우고 있어요. 엄청 쫓아다니고 나이도 많아요."

"지금 닭장에서 크는데 일곱 살 된 닭도 있어요. 할아버지께서 밭 옆에 지어 주셔서 달걀을 매일 낳아요. 어제는 세 개를 낳아서 먹었어요."

"어디서 닭을 키워? 닭장은 어디에 있어?"

"수암봉 산책길 아래 이층집 있거든. 거기 밭이 있고 그 옆에 닭장이 있어. 수탉은 힘도 세. 송이 프사가 달걀이잖아. 우리도 매일 가는데 같이 갈래?"

송이네 닭장에 매일 놀러 간다는 홍규가 신나서 대답했다. 닭장 구경 가자 했더니 무조건 찬성이란다. 수업 마치고 아이들과 함께 청소를 했다. 우리는 닭이랑 돼지 이야기를 조금 더 했다. 닭이 좋은 환경에서는 30년까지도 살 수 있다는 걸 알았다. 송이 할아버지는 가축도 자기 목숨대로 살다가 가야 한다는 말씀을 자주 하신다고 했다.

"콜팝 어떻게 먹지, 걱정이다, 걱정."

40일 된 어린 병아리로 만든 콜팝. 그래서 걱정이 늘어진 아이. 그 고민을 미리 한 선생님과 아이들이 있다. 영화 〈P짱은 내 친구〉이다. 영화를 통해 고민을 풀어갈 수 있을 것이다.

공부 모임에서 읽은 책 『생태민주주의』*를 다시 펼치고 밑줄을 긋는다. 저자는 생태민주주의와 인간 중심의 민주주의의 차이를 두 가지로 말한다. 우선 생태민주주의는 인간 이외의 존재, 즉 동물, 식물, 미생물(강과 산 등)도 인간의 필요와 상관없이 그 자체로서 내재적 가치를 갖고 있다는 윤리적·도덕적 토대를 강조한다. 지구 생태계의 일원으로서 모든 생물은 스스로 존재할 권리가 있다고 보고, 이들이 더 좋은 삶을 살도록 도와줄 의무가 인간에게 있다고 본다. 두 번째는 현 세대의 책임을 강조하며 아직 태어나지 않은 미래 세대의 권리와 복지에 대해 민감하게 숙고해야 한다고 말한다.

이제 햇빛, 바람, 비, 공기와 물은 당연한 선물이 아니다. 인간 이외의 존재들도 지구 생태계의 일원으로서 스스로 존재할 권리가 있다. 머리로 이해가 되지만 삶에서 실천은 초보다. 그래서 더 아이들과 함께 고민하고 변화를 위한 행동을 만들어 가고 싶다.

---

* 　　『생태민주주의』(구도완 글, 한티재, 2018).

생명의 길이는
누가
정하나?

그림책 『돼지 이야기』를 읽은 뒤 영화 〈P짱은 내 친구〉를 보았다. 모두 돼지와 관련된 이야기다. 영화는 20여 년 전 일본 오사카의 초등학교에서 있었던 실화를 바탕으로 만들어졌다. 6학년 담임 호시 선생님이 돼지 한 마리를 데려오는 장면으로 시작한다.

"잘 길러서 다 크면 잡아먹자."

호시 선생님의 제안에 영화 속 아이들뿐 아니라 보는 우리도 많이 놀랐다. 무엇보다 학교에서 돼지를 기른다는 걸 상상해 본 적 없기 때문이다. 영화에서도 돼지를 기르는 일을 두고 옥신각신 갈등이 있다. 그러나 일방적인 반대보다 호시 선생님에게 '돼지를 기르고 싶은 이유와 어떻게 할지'를 묻고 들어 주는 동료들의 모습이 인상적이었다. 학부모의 걱정과 항의에 '교육은 시간이 걸리는 일이다, 학교에서 안전하게 키우겠으니 지켜봐 달라'고 요청하는 교장 선생님도 든든하게 느껴졌다.

어른들의 걱정과 상관없이 아이들은 운동장 귀퉁이에 우리를 만들고 아기 돼지를 P짱이라 부르며 돌보기 시작한다. 급식소에서 잔반을 얻어 먹이고 자기가 먹을 토마토도 가져와서 준다. 힘들게 똥을 치우고 청소도 하고 털을 빗어 미용에도 신경을 쓴다. 어느덧 다 자란 P짱과 졸업을 앞둔 아이들은 심각한 고민에 빠지게 된다. 선생님의 제안처럼 P짱을 잡아 먹을 것인지에 대한 결정을 해야만 한다.

여기까지 본 다음 이 문제를 토론해 보았다. 두 가지 제안이 있었다. 'P짱을 3학년 학생들에게 물려준다'와 'P짱을 식육 센터에 보내야 한다'. 두 가지 주장 모두에 대한 자기 생각을 글로 쓴 뒤 편을 나누어 설전을 펼쳤다. 팽팽하고 적극적인 토론이 이어졌다.

-안녕하요? 저는 OOO입니다. 〈P짱은 내 친구〉라는 영화를 보고 저의 의견을 씁니다. 저의 주장은 'P짱을 3학년 학생들에게 물려준다'입니다. 3학년들은 곧 4학년이 됩니다. P짱을 좋아하고 기르고 싶은 마음이 있습니다. 또 3학년에게 물려주면 P짱은 더 살 수 있고 3학년들에게도 좋은 추억을 만들 수 있기 있습니다. P짱을 갑자기 식육 센터에 보내면 P짱은 어떤 감정을 느낄까요? 자기를 돌보던 아이들에게 생명권을 무시당하는 아픈 경험이 될 겁니다. 저의 글을 마치겠습니다.

-영화 〈P짱은 내 친구〉를 보고 토론을 하게 되었습니다. 저는 두 가지 주장에 대해 많이 생각해 보았습니다. 그리고 저는 'P짱을 3학년 학생들에게 물려주자'로 정했습니다. 왜냐하면, P짱과 아이들은 서로 필요합니다. P짱은 그냥 돼지가 아니라 이름을 부르고 키운 돼지, 돌

보는 돼지이기 때문입니다. 그리고 3학년 학생들도 P짱을 키우고 싶기 때문입니다. 원래 먹으려고 키우기 시작했지만, 열심히 기르는 동안 정이 들었습니다. 이제 P짱은 잡아먹기 위한 돼지가 아니라 친구가 되었습니다. 돼지도 자기가 살 만큼 잘 살 수 있는 권리가 있는 것 같습니다.

-안녕하세요? 제 의견은 'P짱을 식육 센터에 보낸다'입니다. 그렇게 생각한 이유는 세 가지입니다. 첫째, 아무리 자기들이 키운 돼지 P짱이라 해도 목표는 명확하게 먹으려고 키웠다는 것입니다. 둘째, 다른 고기는 잘 먹으면서 P짱만 못 먹는다는 것은 차별하는 것 같습니다. 물론 생명을 함부로 여기라는 것은 아닙니다. 하지만 우리가 키운 생명만 생명으로 여기면 모든 생명이 불쌍해지고 모든 것(고기)을 먹지 못하기 때문입니다. 셋째, 만약 3학년에게 물려준다고 하더라도 3학년들이 이 문제로 다시 고민하는 것을 겪어야 합니다. 이런 일이 다시 일어나지 않기 위해서 식육 센터에 보내야 합니다.

-저는 OOO입니다. 제 주장은 'P짱을 식육 센터에 보내야 한다'입니다. 왜냐하면 P짱을 계속 키운다 해도 P짱도 늙어 죽을 겁니다. P짱을 무덤으로 보내는 것보다 식육 센터로 보내 여러 사람의 배고픔을 없애 주는 것이 맞다고 생각합니다. 둘째, 원래 P짱은 아이들의 관심거리로 키우는 것이 아니라, 먹기 위해서 키웠기에 마지막은 식육 센터로 보내져야 합니다. 셋째는 P짱을 3학년들에게 물려준다 해도 3학년들이 졸업할 때면 똑같은 문제가 일어날 겁니다. 나중에 3학년들에게 무거운 결정을 하게 하지 말아야 합니다. 지금 우리 선에서 끝내야 한다는

것입니다. P짱을 식육 센터에 보내는 것이 제 주장입니다.

2차 토론까지 하고 난 뒤 마지막 투표를 했다. 11명 대 11명. 딱 절반으로 의견이 나뉘었다. 아이들은 나를 보며 "샘, 생각을 말해 주세요"라고 했다. 영화 속 장면과 같은 상황이 벌어졌다. 영화를 다 본 후 한 번 더 이야기를 나누자고 했다.

다음 날 영화를 끝까지 보았다. P짱은 결국 식육 센터로 가게 된다. 아이들은 P짱에게 토마토를 하나씩 주고 P짱도 맛있게 먹는다. P짱을 실은 트럭을 따라가는 아이들 모습을 마지막으로 영화는 끝이 났다.

영화를 다 본 후 교실에 불을 켰다. 우리는 한동안 말없이 서로를 바라보았다. 잠시 쉬었다가 글쓰기를 하고 소감 나누기를 했다. 가장 인상 깊었던 장면이나 대사, 영화의 결말에 대한 내 생각, 영화 주제에 대한 내 생각 쓰기, 3단계로 진행했다.

-생각한 결말은 아니었지만, 감동적이고 재미있었다. 영화에 나오는 아이들이 배우지만 정말 실감 나게 연기를 잘했다. 지금도 P짱이 불쌍하다고 생각한다. 가장 인상 깊은 장면은 "삶의 길이는 누가 정하나요?"라고 묻는 장면이다. 내 생각은 동물은 말을 못 하고, 선택할 권리가 없다. 그래서 인간이 동물의 삶의 길이를 마음대로 정하고 있다. 하지만 나의 다른 의견은 인간이 그럴 권리가 없다는 것이다. 만약 나의 삶의 길이를 남이 정한다면 어떤 느낌일지 사람들이 입장을 바꿔 생각해 보지 않는 것이 잔인하다. 다음에 또 이런 영화를 보고 싶다.

-이 영화를 보니 돼지고기를 먹는 것이 조금 미안할 것 같습니다. 아무 생각 없이 맛있다고 먹었는데 이제는 뭔가 생각을 하면서 먹을 것 같습니다. P짱이 식육 센터로 가는 길에 아이들이 모두 따라가는 마지막 장면이 감동적이었고 인상 깊었습니다. 누구나 마지막이 되면 그렇게 사람들이 모여 안타까워합니다. 서로 슬퍼합니다. 사람이 생명을 키우는 일만큼 죽음을 생각하는 일도 중요하다고 느낍니다. P짱이 불쌍하고 사람이 생명을 죽여서 미안했습니다.

-영화 속에서 아이들이 토론하는 장면이 가장 인상 깊었다. 무언가 말하고 싶은 것이 생겼기 때문이다. 만약 내가 그 장면에 있었다면 "너희들에게 P짱이 뭐였니?"라고 물었을 것이다. 나는 지금도 3학년에게 P짱을 물려주는 것이 좋다고 생각한다. 그 이유는 돼지가 동물이라는 이유로, 맛있다는 이유로 인간에게 잡아먹히는 것이 돼지의 역할은 아니라고 말하고 싶다. 지구의 한 종족으로서 자유롭게 살아갈 권리 정도는 지켜주어야 할 것이다. 물론 인간도 살아남기 위해 먹어야 하지만 인간이 먹을 양은 이미 충분하다. 모든 인간도 살아가기 위해 공부하고 먹는다. 돼지 또한 살아가고 싶은 마음을 이해한다면 3학년을 믿고 물려주어야 한다. 물론 과정이 쉽지는 않겠지만 3학년들에게도 충분한 능력이 있다는 걸 믿기 때문이다. 그리고 영화의 결말이 너무 아쉽다. 결말을 고치고 싶은 생각이 많이 들었다. 나는 식육 센터까지 간 P짱이 탈출해서 돌아온다든지 하는 결말이면 더 재밌을 것 같다.

-가장 인상 깊은 점은 P짱에 대해 아이들이 많은 고민을 하는 것이다.

집에서 부모님과 이야기도 하고 교실에서 토론도 여러 번 하면서 서로 말을 한다. 찬반 토론 할 때 두 편으로 나뉘어 다른 생각을 말하지만 모두 P짱을 걱정하는 말을 하는 점이 좋았다. 결국 P짱이 식육 센터에 가게 되어 안타까웠지만 그런 결정을 내리는 것이 힘들었을 텐데 결정을 내리고 지키는 것도 참 대단하다는 생각이다. 마지막 결말이 궁금했는데 결말이 뚜렷하게 나오지 않아 좀 아쉬웠다. 제일 기억에 남는 말은 "삶의 길이는 누가 정하나요?"라는 것이다. 그 질문에 대해 생각했지만 지금도 결론을 내리지 못했다.

아이들이 꼽은 핵심 질문은 '삶의 길이는 누가 정하나?'였다. 돼지의 평균 나이를 검색해 보더니 새로운 사실을 발견했다. 돼지는 자연적인 상태에서 산다면 평균 수명이 10~15년 정도로 개와 비슷하다. 현재 대량으로 길러지는 돼지의 평균 수명이 6개월이라고 한다. 인간의 나이로 치면 9살 정도라고 했다. 돼지가 자연스럽게 살아갈 방법은 없을까 새로운 고민을 했다.

우리는 'P짱'을 통해 '고기'가 되기 전의 돼지를 생각하게 되었다. 'P짱'은 우리가 애도했던 '순이'와 '봉자'와 같은 존재이다. '아는 돼지'이자 안부가 궁금한 돼지였다. 비바람이 몰아치던 밤 P짱이 걱정되어 학교로 온 아이들과 선생님, 기온이 내려가자 따뜻한 요를 깔아 준 교장 선생님. 모두가 같은 마음이다. '생명권'을 이야기하는 아이들의 마음에는 '아는 돼지', '아는 꿀벌', '아는 동물과 식물'이 늘어나고 있다. 생명과 함께 죽음이 가까이 있다는 것을 알고 죽음을 맞이하는 방식에 대해 질문하는 것은 인간과 비인간의 삶에 대한 공감과 또 다른 세계를 상상하는 힘을 기르는 공부이다.

7월

#연대

#노동

#시 읽기

아이들의 말 속에 답이 있다. 공부를 잘해도, 공부를 못해도 자신이 하고 싶은 일을 하면서 살아갈 수 있어야 한다. 점수에 따라 줄 세우는 것보다 누구나 가고 싶은 대학에 가서 하고 싶은 공부를 할 수 있을 때 공평과 정의의 가치를 배우지 않을까. 외우고 찍는 걸 잘한 것으로 성공과 실패가 판가름 나지 않는 사회, 단 한 번의 기회가 아니라 여러 번의 기회가 있어 도전을 보장받는 사회가 필요하다.

감자를
나눠 먹는
일

우리가 심은 감자는 하지감자다. 일 년 중 태양이 가장 높이 뜨고 낮의 길이가 가장 긴 절기인 하지에 수확한다. 주무관님과 감자 넝쿨을 손보았다. 무성한 잎을 툭툭 잘라 고랑을 만들었다.

아이들은 호미와 모종삽을 들고 밭으로 갔다. 감자 품종이 여러 개라 알록달록한 색깔 감자도 있었다. 두 상자 넘게 캔 감자는 잘 씻어서 절반은 집으로 가져가고 좀 더 괜찮은 것은 간식을 만들기로 했다. 집에 가져간 감자는 다양한 요리로 식탁에 올랐다. 요리하는 모습부터 완성된 음식까지 사진을 찍고 가족에게 대접할 때 들었던 말과 생각 그리고 느낌을 자세히 소개했다.

-감자전을 만들었다. 감자 갈 때 힘들었다. 위험하기도 해서 엄마가 도와주셨다. 감자전이 이렇게 맛있을 줄 몰랐다. 아빠한테 칭찬도 받았

다. 집에 있는 감자가 아니고 내가 키운 감자라서 더 맛있다.

-감자 삶기를 했다. 먼저 껍질을 깎고 깨끗하게 씻었다. 껍질이 감자의 속살을 다 보호하고 있었다. 어둡고 칙칙한 흙 속에서 잘 자라도록. 껍질은 자기가 검게 되어 하얀 속을 자라게 했다. 껍질이 다시 보였다. 감자를 삶고 집에 있는 고구마도 같이 삶았다. 밍키도 코를 벌름거리며 왔다. 고구마를 더 좋아하는 밍키. 우리 집 개와 친해지는 법은 참 쉽다.

-감자를 넣고 찌개를 끓였다. 어떻게 이렇게 맛있지? 오빠가 와서 먹더니 진짜 맛있다고 했다. 엄마가 했지라고 해서 아니 내가 더 많이 했어 그랬더니 자기도 5학년 때 요리를 만들었다고 했다. 맛있게 먹고는 휙 나가 버렸다. 아빠가 오셔서 감자볶음도 만들어 먹었다. 맛있고 맛있다. 못하는 게 없는 내가 이쁘기까지 했다. 정말 너란 아이 어떻게 할까? 히히히.

평화를 담은 그림책 『어머니의 감자 밭』*을 읽었다. 작가 아니타 로벨은 1934년 폴란드, 유대인 부모에게서 태어났다. 대학살을 피해 오빠와 함께 집을 떠나야 했다. 2차 세계대전이 끝날 때쯤 독일군에게 잡혔으나 다행히 살아남아 1952년 미국으로 건너가 미술 공부를 하고 어린이책 일러스트레이터로 활동했다.

표지 그림엔 감자를 수확해서 행복한 어머니 모습이 있다. 면지와 본문 첫 장면은 파란색과 붉은색의 테두리 안에 그림이 그려져 있다.

---

*   『어머니의 감자 밭』(아니타 로벨 글그림, 비룡소, 2003).

감자밭이 두 개로 나누어져 있다. 동쪽 나라와 서쪽 나라가 전쟁 중이다. 어머니와 두 아들은 전쟁과 상관없이 감자를 키운다. 하지만 세상을 향한 관심을 가진 두 아들은 어머니의 말을 듣지 않고 집을 나가 각각 동쪽 나라 장군과 서쪽 나라 사령관이 된다. 전쟁이 계속되자 먹을 것이 없어진 두 아들은 군대를 이끌고 두 나라 사이의 계곡에 있는 어머니 집으로 가게 된다. 그리고 감자를 차지하기 위해 격렬한 싸움을 벌였다. 쓰러져 누운 어머니와 쓰레기가 된 집을 보고 두 아들은 어머니를 부르며 울부짖는다.

"여러분, 여러분은 내 집을 부수고 내 밭을 짓밟았어요. 하지만 아직 창고에는 여러분 모두가 배불리 먹을 만큼 많은 감자가 있지요. 그 감자를 나누어 주기 전에 먼저 여러분들은 약속을 하나 해야 합니다."

어머니가 말한 약속은 무엇일까? 예상대로 서로 싸우지 않기, 쓰레기들을 모두 치우기, 감자를 먹은 후 고향에 계신 어머니 품으로 돌아가기였다.

감자를 배불리 먹은 병사들은 어머니에게서 배운 노래를 부른다. 그 노래는 곳곳으로 퍼져 나가서 어머니들이 찾아와 아들들을 만나게 된다. 두 아들은 칼과 훈장을 땅에 묻고 어머니를 도와 새로 밭을 일구고 감자를 심었다. 부서진 물건도 고치고 집도 다시 지었다.

-두 아들은 모두 감자 키우는 일을 하지 않겠다고 했다. 칼을 차고 번쩍거리는 훈장이 더 좋다며 집을 나갔다. 감자를 심고 거두어 겨울밤에 구워 먹는 일은 지루한 일이지만, 전쟁터에 나가 이기고 사람들에게

꽃을 받는 일이 더 멋지다고 생각했다. 하지만 둘 다 힘들어질 때 생각나는 건 어머니와 함께 감자를 먹던 일이다. 나도 배가 너무 아파서 약 먹고 혼자 누워 있을 때 엄마 생각이 많이 났다. 엄마가 일 마치고 오실 때까지 자고 또 잤다. 똑같은 감자밭인데 병사들이 와서 싸울 때는 어둡고, 서로 평화롭게 지내고 어머니와 사람들이 만날 때 그림은 환하다. 검은 선이 어둡게 그려지고 빨강과 파랑도 모두 어둡다. 하지만 어머니를 만나고 화해하는 그림은 선보다 면이 많다. 나는 마지막 장면이 제일 좋다. 어머니의 하얀 앞치마도 그렇고, 두 아들이 사랑하는 사람을 만나는 장면이 그려져 있기 때문이다. 전쟁이 지나가고 감자밭은 평화로운 곳이자 사랑이 꽃피는 세상이 되었다.

드디어 감자를 삶아 먹는다. 감자가 모자랄까 봐 집에 있는 걸 더 가져오기도 하고 달걀도 준비했다.

안전한 실습을 위해 과정을 다시 한번 익히고 메이킹 교실로 갔다. 준비해 온 감자 칼로 깨끗이 정리한 다음 삶기 시작했다. 고구마와 달걀도 같이 삶았다. 물 끓는 소리며 감자 익는 소리를 들었다. 달달하고 포실포실한 냄새.

감자가 익는 동안 활동지를 쓰고 따뜻한 감자와 어울리는 시원한 아이스티를 준비했다. 다 익은 감자를 어떻게 나눠 먹을까.

2학년 동생 반에 나눠 줄 감자를 이쁜 접시에 담았다. 좋아하는 체육 선생님과 감자 캘 때 도와주신 교감샘, 주무관님, 도우미 선생님을 모셔서 대접하겠다는 아이도 있었다. 선생님들과 동생들을 챙기는 마음이 감자처럼 폭신하다.

"자~ 5학년 1반을 위하여!"

"맛있는 감자를 위하여!"

"평화를 지킨 감자를 위하여!"

감자 먹는 동안 아무도 없는 것처럼 조용했다. 다 먹고 뒷정리를 했다. 몇 명이 끝까지 남아서 개수대와 싱크대 음식물 거름망까지 깨끗하게 치웠다. 대걸레로 바닥까지 말끔히 닦은 후 교실로 왔다.

영상 〈악마의 식물, 감자〉와 〈요리로 세계 속으로! 아일랜드 편〉을 보았다. 감자의 독성을 몰랐던 시절의 감자는 악마의 식물이라 불리기도 했지만 감자 때문에 독일은 전쟁에서 이기게 된다. 아일랜드 감자 대기근으로 미국 이민이 늘어났고, 아일랜드의 독립운동에도 영향을 끼치게 된다. 감자 이야기 속에서 아이들은 세계사와 다양한 작물이 왜 필요한지 배웠다.

-감자 삶기를 했다. 감자 칼로 눈을 없앴다. 큰 것은 반으로 잘라서 물에 넣었다. 소금을 좀 넣고 기다렸다. 감자도 삶고 달걀도 삶았다. 감자를 젓가락으로 찔러 보았다. 폭신하게 들어가서 다 익은 줄 알았다. 달걀에서 하얀 게 나와 끓어 넘쳤다. 샘이 와서 불을 약하게 했다. 감자가 익는 동안 보고서를 썼다. 모둠에서 이쁘게 잘 삶은 걸 동생들에게 주었다. 그래야 한다고 생각했다. 휘도 잘 먹겠지. 다 익은 감자에 설탕을 솔솔 뿌렸다. 이렇게 맛있다니. 감자를 먹고 화해한 병사들의 마음을 알 것 같다. 시원한 아이스티를 타서 같이 먹었다. 너무 배가 부르니 졸

렸다. 개수대 청소를 하는데 물이 다 튀었다. OO이 먹부림을 부려서 몰아주었다. 그런데 급식도 많이 먹었다. 와! 대단하다. 우리가 기른 감자를 먹으니 더 맛있었다. 또 키우고 싶다. 방울토마토가 자라면 따서 방울토마토 요리도 할 거다.

"감자는 평화다. 감자를 배불리 먹고 나서 병사들이 전쟁을 멈췄기 때문이다."

"감자는 평화다. 감자를 먹으면 배가 부르고 편안해지기 때문이다."

"감자는 어머니다. 어머니가 있어서 감자를 먹고 살 수 있었다."

"감자는 노래이다. 감자를 먹고 병사들은 노래를 불렀다. 우리도 노래를 불렀다."

"감자는 생명이다. 감자는 싹이 나고 가지도 자라고 땅 밑에서 새끼 감자를 키워 더 많은 감자가 된다."

"감자는 꺅이다. 감자밭에서 지렁이 잡은 이야기만 하면 여자애들이 '꺅!' 소리 지른다."

"감자는 스펀지다. 스펀지처럼 감자도 폭신폭신하다."

감자를 기르고 수확하며 생존하는 법을 배운다. 감자를 나눠 먹으며 함께 살아가는 공존의 힘을 기른다. 음식이 주는 따뜻한 행복은 덤으로 즐겁다.

일하는
사람으로
자라기

감자를 기르고 음식을 만들어 대접하고, 내 옷을 빨고 가족과 함께 집안일을 하는 것. 모두가 진로(進路), 즉 앞으로 나아가는 길, 미래를 살아갈 힘을 키우는 공부다. 그래서 다양한 사람을 만나고 여러 가지 경험이 필요하다.

이번 주는 작가와의 만남이 있었다. 『꼴뚜기』와 『소리 질러, 운동장!』을 쓴 진형민 작가를 만났다. 아이들은 매우 구체적인 질문을 했다.

'작가가 된 계기와 작가의 좋은 점', '작가가 되려면 어떻게 해야 하나?', '수입은 얼마나 되나? 생활은 할 수 있나?', '좋은 작품을 쓰는 비결은?'

진형민 작가는 아이들의 질문에 솔직하고 경쾌하게 답했다. 작가가 된 계기는 아이를 낳고 키우면서 하고 싶은 말이 생겨서다. 내 이야기를 책으로 쓰고 독자와 만나는 일은 무척 의미 있다. 누구나 작가가 될 수 있다.

출판사와 계약 관계, 원고료 등등. 좋은 작품을 쓰는 비결도 알려 주었다. 많이 읽고 세상에 대한 호기심을 가지고 좀 더 나은 세상을 위해 어떤 글이 필요한지 고민하는 것. 무엇보다 즐겁고 행복한 글쓰기를 강조했다.

"선생님, 저는 나중에 커서 뭐가 되고 싶다는 생각이 없는데 어떻게 하나요?"

"저는 경찰이 되고 싶은데 지금부터 무엇을 하면 될까요?"

진형민 작가는 아이들 한 명 한 명에게 글을 써 주고 사진을 찍었다. 그리고 두 친구의 질문을 같이 생각해 보자고 했다. 질문한 사람은 답을 알고 있다며. 생각할 시간을 가진 아이들이 말했다. 경찰이 되고 싶다는 OO이는 "지금부터 체력을 기르기 위해 운동도 하고, 공부도 열심히 하겠다", 되고 싶은 게 없는 OO이은 "지금 내가 행복하다는 걸 알게 되었다. 나중에 커서 아빠가 되고 싶은 생각이 들었다"며 웃었다. 무엇이 되든 어떤 사람으로 살아가든 당당하게 일하고 행복하게 지내자고 약속했다.

작가와의 만남 이후로 'MBTI, 알바, 시급, 세금' 등에 관심이 높아졌다. 학교에서 '진로교육'은 주로 직업이나 개인 성향을 이해하는 것까지다. 하지만 '진로'는 곧 '일'이다. 김연아의 안무 코치인 데이비드 윌슨의 말을 새겨들을 필요가 있다.

"어머니는 나를 키운 이유에 대해 자신의 곁에 두기보다 세상에 내보내기 위해서라고 이야기했다."

학교 교육의 목표도 '행복한 사람'으로 키워 세상으로 내보내는 것이다. 행복의 기본조건은 일을 통해 생계를 유지하고 보람과 가치를 느끼며 살아가는 것이다. 일과 휴식을 적절히 취할 수 있어야 하며 일할 권리가 사회적으로 보장되어야 한다. 학교 공부도 일하는 사람의 권리를 지켜주고 보호하려는 태도를 키우는 데 주안점을 두어야 하지 않을까.

돌이켜 보면 성인이 될 때까지, 노동자와 사용자의 관계와 권리가 무엇인지, 일할 권리가 법으로 보호받을 수 있으며 실제 법의 내용이 무엇인지 배운 적이 없다. 지금 우리 아이들과 곧 사회에 입문할 청소년은 어떨까? 일과 권리, 일과 휴식, 사회보장제도 등 삶의 문제를 탐구하고 세계시민의 관점에서 아동 노동의 현실도 생각해 봐야 하지 않을까.

멀리 있었던 작가를 가까이서 만나 호기심을 채웠다면 이번에는 주변에서 일하는 사람을 찾고 만나는 공부를 했다. 만나고 싶은 사람은 영양사님, 태권도 사범님, 경찰관, 연예인, 게이머, 유튜버가 나왔다. 그중에서 영양사님은 실과 수업과 연계하여 직접 만나 면담을 했다.

'급식소에서 하는 일은 무엇인가요? 왜 영양사를 하게 되었나요? 가장 보람 있는 일과 힘들었던 일은 무엇인가요? 좋아하는 음식은? 바라는 점이 있나요?'

영양 선생님은 영양사와 영양 교사가 다르다는 걸 알려 주며 이야기를 시작했다. 건강한 밥을 제공하기 위해 급식소에서 하는 일을 알려 주었다. 좋은 급식을 만들기 위해 안전한 급식소 환경과 적당한 인원은 필수다. '수다날(수요일은 다 먹는 날)'에 잔반을 남기지 않았으면 좋겠다. 급식 후 남는 음식 처리도 어려움이 있다. '급식 파업했을 때 밥 대신 빵과 음료수를 먹었다. 왜 파업했는지 알고 싶다'라는 질문에 파업한 이유와 어떤 요구를 했는지 알려 주었다.

"뉴스에서 그렇게 보도하지 않았어요. 부모님도 '밥은 주고 파업해야지' 했는데 저도 밥을 못 먹어 서운했지만 안전한 환경을 만들기 위해 노력하는 게 파업이라면 찬성입니다."

"우리가 급식을 직접 만들어 보면 고마움이 더 생길 거예요."

영양 선생님은 아이들의 이야기에 고마워했다. 다음 시간에는 '내가 만든 식단표'를 가지고 5학년 학급 임원들이 면담하고 학급에서 만든 식단표는 급식실에 전달하기로 했다. 태권도 사범님, 유튜버, 경찰관, 배달업 하는 분은 모둠별로 면담하고 간단한 영상을 만들어 보았다. 면담에서 일이 너무 많아도 힘들고, 너무 적어도 불안하다는 말을 들었다. 코로나 영향도 컸다.

일하면서 겪는 어려움을 해결하기 위해 법으로 노동자와 사용자의 권리를 보호하고 있다는 것을 배웠다. 근로기준법을 지키라고 요구했던 전태일 열사의 삶을 통해 일하는 사람이 하고 싶었던 말도 알아볼 것이다.

아이들은 미래의 직업만큼 지금 돈을 버는 일도 궁금하다고 한다. 주변에 아르바이트하는 형과 누나 이야기도 했다. 그래서 동화『짜장면 불어요!』*를 읽었다.

동화 속 주인공은 나이를 속이고 중국집에서 배달 아르바이트를 하는 아이 용태다. 용태가 열네 살이라고 하자 아이들은 열네 살이 알바를 할 수 있냐고 묻는다. 태블릿으로 '어린이·청소년 고용노동부, 국제기구, 노동 가능 최소 연령 14~16세, 최저임금' 이런 말을 찾아보았다. 이어 책을 좀 더 읽었다.

---

* 『짜장면 불어요!』(이현 동화집, 윤정주 그림, 창비, 2006).

용태는 그곳에서 유쾌한 중국집 배달원 기삼을 만난다. 용태와 기삼은 직업에 대해 말싸움을 한다. 서로 다른 생각이 부딪힌다.

용태는 대학 안 나오면 사람 취급도 못 받는다며 자신은 공부를 잘하니까 꼭 좋은 대학에 가서 성공하겠다고 한다. 용태의 말에 기삼은 "공부 잘하는 애들이 선택할 수 있는 직업은 의사, 변호사와 검사 그리고 박사 딱 세 개밖에 없지만, 공부를 못하면 선택할 수 있는 직업이 무수히 많다", "철가방을 들 수도 있고, 장사도 할 수 있고, 요리사며 심지어 백수가 될 수 있다"며, 뭐든 할 수 있다고 자신만의 철학이 담긴 대답을 한다.

직업에 대한 두 사람의 다른 점을 알아보고 생각을 글로 썼다.

-기삼이는 자기가 원하는 일을 꾸준히 한다. 이렇게 자기가 원하는 일을 하면서 자유롭게 지내는 것이 멋있다. '운칠(운이 7)과 기삼(기가 3)'에서 운칠을 선택할 수 없다면 기삼이 기삼을 선택하는 건 멋진 일이다. 기운으로 삼삼하게…… 기삼이는 자기를 좋아한다. 용태는 거짓말도 안 하고 공부를 잘해야 좋은 사람 취급을 받는다고 생각한다. 완벽하고 싶은 마음이 있다. 완벽한 사람이 아니라 지금의 나를 좋아하지 않고 앞으로 더 열심히 공부 잘해서 좋은 대학에 가서 성공하겠다고 했다. 우리 엄마도 오빠와 나에게 늘 꼭 성공히라 한다. 용태의 성공과 엄마의 성공은 비슷하다.

-나는 기삼이의 말이 맞다고 생각한다. 왜냐면 공부를 잘해도 일하는 건 실력이기 때문이다. 공부는 잘 못해도 된다고 생각한다. 공부를 못해도 할 수 있는 직업은 많다. 공부를 잘하면 머리가 복잡하고 힘들어

질 것 같다. 그리고 나는 정말 필요하면 거짓말을 해도 된다고 생각한다. 하얀 거짓말도 있다.

-용태와 기삼이의 생각을 비교해 보았다. 내 생각은 공부를 잘하거나 좋은 대학을 나왔다고 일을 더 잘한다는 고정관념이 깨지면 좋겠다. 일한 대가는 공정하게 받았으면 좋겠다. 그리고 일하는 것은 자신의 시간과 능력을 다른 것과 바꾸는 것이다. 일하는 사람들은 자신의 능력과 시간을 소비하니 정당한 대가를 받아야 한다. 또한 나는 기삼이가 이야기한 '선의의 거짓말'은 필요하다고 생각하고, 자신이 조금 더 좋아하고 하고 싶은 일을 찾아야 한다. 그래야 더 동기부여가 될 것이다.

-용태는 대학을 꼭 가야 사람 취급을 받는다고 생각하고, 기삼이는 자신이 좋아하고 하고 싶은 일을 하라고 한다. 그리고 용태는 배달은 무시당한다고 하며 폭주족 같다는 말을 한다. 하지만 기삼이는 '폭주족'처럼 '몰려다니는 것'이 아니라 같이 다니는 것뿐이라고 용태가 한 말을 창의적으로 반박한다. 내 생각은 기삼이의 말대로 선의의 거짓말이 좀 필요하다고 생각하고, 내가 원하는 일을 찾으면 된다고 생각한다. 학생들이 원하는 것을 찾을 수 있도록 여러 가지 활동을 하면 좋겠다.

아이들의 말 속에 답이 있다. 공부를 잘해도, 공부를 못해도 자신이 하고 싶은 일을 하면서 살아갈 수 있어야 한다. 점수에 따라 줄 세우는 것보다 누구나 가고 싶은 대학에 가서 하고 싶은 공부를 할 수 있을 때 공평과 정의의 가치를 배우지 않을까. 외우고 찍는 걸 잘한 것으로 성공과 실패가 판가름 나지 않는 사회, 단 한 번의 기회가 아니라 여러 번의 기회가 있어 도전을 보장받는 사회가 필요하다. 어릴 때부터 공부와 성공만 아니라 다른 세상을 꿈꾸고 두루 살펴볼 수 있게 기다려 주는, 넓고 깊은 안전판이 설치된 사회로 우리 아이들을 보내고 싶다.

일하는 사람 프로젝트 수업을 마무리하며 '만약 부모님이 일을 못 하게 되면 나는 어떻게 해야 할까'라는 질문이 있었다. 아이들은 말했다.

'힘들게 되면 용돈을 줄이겠다. 물건을 사 달라거나 외식하자는 말을 하지 않겠다. 동생에게 부모님 사정을 설명하고 떼쓰지 않게 하겠다. 공부를 열심히 하겠다. 심부름하겠다. 사랑의 편지를 쓰고 어깨도 주물러 드리겠다. 아빠와 산책을 하겠다. 엄마와 더 많이 이야기하고 놀겠다.'

아이들은 최선을 다해 자기가 할 수 있는 일을 말했다. 가족이 행복하기 위해 내가 무엇을 해야 할지 진지하게 생각하고 대답했다.

열두 살 아이들은 '내가 좋아하는 일과 보람 그리고 즐거움과 행복을 찾는 것'이 일하는 사람으로 자라는 일이라고 결론을 내렸다. 일과 보람, 즐거움과 행복을 찾도록 도와주는 일, 그것은 학교와 사회 그리고 어른의 몫이다. 우리는 지금 그 몫을 다하기 위해 노력하고 있나 물어보자.

학교는
시
놀이터

1학기를 마무리하며 10대 사건을 정했다. 재미난 일이 많았는데 그중에 시와 관련된 일이 세 가지나 들어 있다. 시 놀이터, 시집 들고 소풍 가기, 시 문집 만들기.

우리는 3월 2일부터 시와 시집을 읽었다. 매주 수요일은 '시요일'로 정해서 시를 필사하고 생각과 느낌을 나누었다. '연애 탐구단 51'은 선물 같은 시를 배달했다. 이렇게 시를 읽으며 좋은 시와 나쁜 시를 구별하는 눈을 키우고 시를 읽으며 노는 법도 발명했다. 시와 노는 것이 시 놀이터이다.

원래 놀이터는 하고 싶은 놀이를 만들고 규칙도 자유롭게 바꾼다. 시 놀이터도 매번 새로운 놀이가 만들어졌다. 그 첫 번째가 '월요일엔 거짓말 하나'이다.

지난 주말에 나는
1번, 드라마 재방송을 봤다.
2번, 치킨을 시켜 먹었다.
3번, 자전거를 탔다.
이 중에서 몇 번이 거짓말인지
맞혀 보세요.

아니, 선생님이 주말에 뭐 했는지
우리가 어떻게 알 수 있겠어?

선생님은 우리한테도
문제를 내라고 해.
한 가지씩 거짓말을 시켜.
월요일 아침에 말이야.

근데 있잖아.
주말에 내가 뭘 했는지
귀 쫑긋 세우고
들어 주는 친구들을 보면
은근 또 신이 난단 말이야.

월요일엔 거짓말 하나

너도 만들어 보는 건 어때?

　-임복순, 「월요일엔 거짓말 하나를」 전문[*]

　시를 읽고 난 아이들이 '좋아요, 재미있어요, 거짓말 오예~, 우리도 해
봐요' 환호했다. 동시가 이렇게 환영을 받다니. 그날부터 한 달에 한 번
'월요일엔 거짓말 하나'가 시작되었다. 우리 반 월요일 아침은 주말 이야
기 나누기로 시작한다. 아이들 이야기는 모두에게 약이 되고 배움이 되었
는데, '월하나(월요일엔 거짓말 하나)'로 재미가 더해졌다.

　처음엔 시 맛보기장에 쓰다가 인터넷 프로그램을 이용해서 댓글로 정
답 찾기까지 진화했다. 아이들은 진실과 거짓의 경계를 오가며 친구들의
주말을 응원했다.

　시놀이는 눈부시게 발명되었다. 같은 시집에 실린 「옛날 사진」(김개미)
을 읽고 자기의 옛날 사진을 가져와서 누구인지 알아맞히기를 했다. 마스
크 쓴 얼굴만 보다 어릴 적 사진을 보니 아이들의 얼굴이 더 선명하게 보
였다. 누나랑 닮은 아이도 있고, 눈썹이 짙어 찾은 아이, 딱 봐도 알 수 있
는 웃음도 있었다. '흑역사다' 하면서도 시놀이를 즐겼다.

　가장 긴 제목 찾기와 가장 짧은 제목 찾기는 시집에서 차례를 자세히
읽게 하고 시집의 구성도 알 수 있게 하였다. 참고로 33자 제목을 가진 동
시도 있다. 바로 「숲속 작은 집 창가에 작은 아이가 섰는데 토끼 한 마리
가 뛰어와 문 두드리며 하는 말」(임수현)이다. 그 이후 임수현 동시집 『외

[*] 　『미지의 아이』(김개미, 송선미, 임복순, 임수현, 정유경 시, 히히 그림, 문학동네, 2021),

톨이 왕』도 찾아 읽었다. 가장 짧은 제목은 너무 많았다. 특히 '봄', '밤', '길' 같은 동시가 많았다. 같은 제목인데 내용과 느낌이 다 달랐다. 시 놀이터는 점점 다채로워졌다.

동시 퀴즈 중에 생각나는 것은 『팝콘 교실』(문현식), 『까불고 싶은 날』(정유경), 『옷장 위 배낭을 꺼낼 만큼 키가 크면』(송선미), 『붕어빵과 엄마』(최종득 엮음) 시집의 공통점 찾기다. 아이들이 찾은 답은 '우리 반 친구랑 같은 이름이 들어 있는 동시집'이다. 찾아보면 더 있을지도 모른다며 아이들이 흥분했다.

"세상에 제 이름이랑 똑같은 시인님이 있어요", "이안이요", "성은 달라도 이름은 같아", "김준현과 박준현". 작은 공통점이 시를 읽게 한다. 시 속 위로해 주고 싶은 아이를 찾아 편지 쓰기를 하며 시 놀이터는 넓고 깊고 따뜻해졌다.

문제는 '동시 맛 찾기'다. 「내가 만약 라면이라면」(권기덕), 「빙수의 발전」(임복순), 「한솥밥 먹기」(남호섭), 「국수 가족」(유강희), 「칠판 볶음밥」(이장근)까지 맛난 것이 너무 많다. 그런데 『냠냠』(안도현)에는 무려 40가지 맛이 들어 있다. 이 중에서 라면과 주먹밥 그리고 빙수를 직접 만들어 먹기로 했다. 교실에서 먹는 라면과 주먹밥은 꿀맛이다. 빙수는 준비할 게 많지만, 빙수기가 열일 해서 모두 시원하게 먹었다. 시집이 맛집이다. 시집은 메뉴판, 시가 음식이다.

시 놀이터가 시 프로젝트 수업이 되었다. 마지막 12차시는 공개 수업으로 진행했다. 5학년 모두 '시 놀이터'라고 이름을 붙였지만 다 다른 무늬가 만들어졌다. 시를 맛보고 즐기는 아이들이 모두 다르기 때문이다.

우리 반은 「하나 되기」(신민규), 「부채 놀이」(이준식), 「감기」(김창완), 「바위」(방주현), 「의자」(이안)로 놀이터를 꾸몄다. 「하나 되기」는 다른 반 아이들까지 출연해서 축구로 하나 되는 5학년을 영상으로 표현했고, 「부채 놀이」는 가족에게 동시를 읽어 주고 직접 부채 놀이 하는 장면을 소개했다. 「감기」는 동시인 김창완을 면담하는 형식으로 만든 극이었다. 감기 걸린 사연이 구구절절했다. 「의자」는 실제로 할아버지가 앉으셨던 의자를 보여 주며 할아버지께 드리는 편지를 소개해서 뭉클한 감동을 주었다. 마지막으로 방주현 시인의 「바위」를 낭송한 다음 느낀 점을 돌아가며 말했다. 시 「바위」는 언니에 대한 사람들의 이야기로 시작된다. 별이 되거나 천사가 되거나 아니면 새로 태어났을 거라는 언니. 하지만 시의 화자는 "언니는 바위가 됐어요"라고 말한다. 바위가 된 언니는 '우리 가슴속에 들어앉'아 있다고 덧붙인다.

시를 낭송한 아이들이 질문했다. 언니는 왜 바위가 되었을까? 관객이었던 우리도 언니의 죽음을 상상했다. 아이들은 이 시를 고른 이유가 중요하다고 했다. 처음엔 시가 짧아서 좋았고 그림이 마음에 들어서 골랐는데 OO이가 '시인은 왜 이런 시를 썼을까?'라고 질문해서 그때부터 이유를 알아보았다고 했다. 그 이유는 책에서 찾았다. 딱 한 줄. '이 동시집에는 세월호 참사 이후.' 이 한 줄이 시를 더 깊이 알게 했다. 동시와 함께한 아이들은 세월호와 4·16을 애도하고 기억했다.

사실 시 놀이터는 선생님들이 먼저 시작했다. 코로나 전에 전문적 학습공동체에서 시를 읽고 느낌을 말하며 삶을 나누었다. 좋아하는 시집을 소개하고 교실에서 아이들과 함께 수업할 내용도 협의했다.

『시의 숲에서 길을 찾다』[*]를 같이 읽고 시인을 모셨다. 서정홍 선생님은 멀리 경남 합천에서 오셨다. 교장 선생님이 학교 텃밭과 동네를 소개하며 시인과 산책을 했다. 교감샘이 마중하고 또 정류장까지 배웅했다.

시를 읽는 학교는 쉼이 있고 짬이 있고 정을 나눈다. 정이 쌓이고 쌓여 실무사님과 행정실 주사님, 지킴이 선생님과 모여서 따로 시를 읽었다. 류시화의 시 모음집을 필사하고 낭송했다. 함께하니 시의 품은 더 넓어지고 사람 냄새가 짙어졌다. 시를 읽을 때마다 두 손 가득 손맛이 밴 먹거리도 함께 왔다. 게다가 내가 쓴 책『지구인이 되는 중입니다』를 읽은 소감도 나눠 주셔서 더 고마웠다. 기꺼운 마음으로 시집을 선물했는데 김치가 왔다. 고마워서 필사할 공책과 펜을 드렸더니 옥수수와 감자를 차 앞에 두셨다. 시가 사람이다. 시는 사랑이다.

'시집 들고 소풍'은 관아 터와 600살 느티나무 아래, 수리산 수암봉 곳곳에서 열렸다. 시집 옆에 간식은 필수. 시를 읽으면 시를 쓰게 된다. 시가 쌓이고 쌓여 1학기 시 문집이 나왔다. 복사해서 같이 읽었다.

덕분에
문OO

시 쓰기 덕분에
학원을 쉰다.

[*]   『시의 숲에서 길을 찾다』(서정홍 엮음, 단비, 2016).

너무 좋다.

내일 두 배 듣기로 했지만 괜찮다.

오늘 시 쓰기가 좋다.

시를 쓰는 아이는 오늘이 좋다고 한다. 힘든 일도 괜찮다고 말한다. 친구를 이해하고 세상과 소통하며 다른 이의 아픔에 공감할 수 있다. 시 놀이터에서 잘 놀던 아이들이 시집과 함께하는 소풍도 가고 우리가 알지 못하는 미래와 더 넓은 세계를 꿈꾸며 힘차게 달린다. 시와 함께 한 학기를 잘 마쳤다.

곁에

있는다는

것

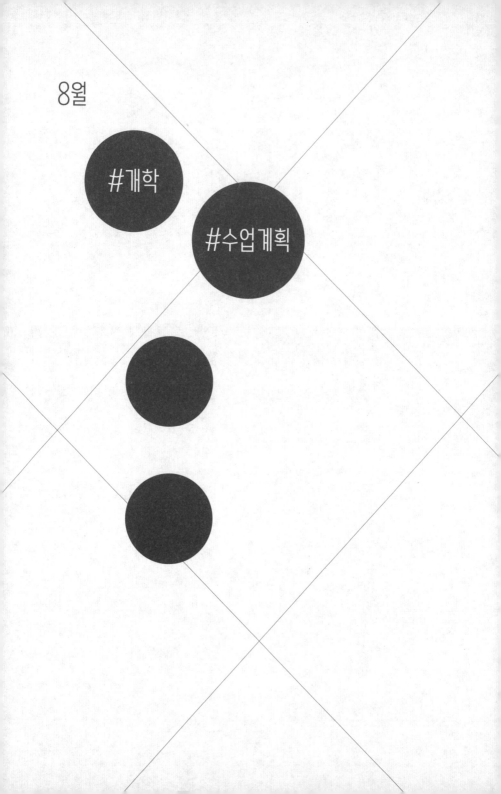

8월

#개학

#수업계획

길들여지지 않는 아이의 마음이 성적과 등수와
온갖 규율과 잡동사니에도 부서지지 않도록 용기를
내어 함께 가고 싶다. 그 길의 시작을 함께할 수
있는 인간, 시민, 동맹자는 누구인가. 온 우주가
우리에게 준 선물은 겁없이 철없게 사랑하는 것과
질문하는 힘이라 했다.

슬기로운
방학
생활

여름 방학이다. 방학 전부터 몸이 아팠다. 디스크다. 많이 걸으라는 진단을 받고 하루 한두 시간 여수천을 산책했다. 만보기 앱을 깔고 도장을 찍듯이 그렇게 걷고 또 걸었다. 산책로는 두 곳이다. 자전거와 사람이 함께 가는 길과 숲 사이 도란도란 오솔길이 있다.

이곳저곳 다른 길을 찾기도 하지만 점점 익숙해진 길로 다닌다. 주변 풍경과 여수천에 깃들어 사는 나무와 새, 곤충과 물고기 그리고 이웃들의 얼굴이 보이기 시작했다.

휴일 오전이면 만나게 되는 두 분이 있다. 오른쪽 다리를 약간 끌면서 걷는 분 옆에 보조를 맞추어 걸어가는 다른 한 분도 몸 한쪽이 불편해 보인다. 그분들을 만나면 길가로 살짝 몸을 돌려 잘 지나갈 수 있게 기다린다. 그러면 누가 먼저랄 것 없이 서로 눈인사를 건넨다. 가끔 조그맣게 속삭이는 목소리를 들을 때도 있다.

"잠시 쉬어 갈까요?"

"그럴까요?"

벤치에 앉아 느긋하게 쉬어 가는 모습이 보기 좋다. 그럴 때면 열심히 앞만 보고 걷던 나도 잠시 멈춰서 하늘도 보고 바람도 느낀다. 고요하다.

삶은 더 나아지지 않을 수도 있다. 오히려 더 나빠질 수도 있겠다. 하지만 이렇게 고요를 느끼고 작은 경이 속에 머무를 수 있다면 일상은 여전히 살 만하지 않을까. 아픈 몸을 다독이며 서로 다정하게 기대어 살아가고 있으니 말이다.

여수천 산책으로 자세히 보는 습관이 길러졌다. 새벽 댓바람부터 꿀벌을 불러들인 밀월 식물들과 샛노란 작은 꽃잎을 가진 짚신나물꽃과 별꽃이 오종종하게 피어 있다. '짚신나물꽃'이란 이름을 갖게 된 이유가 궁금해서 찾아보고 꽃말을 알아본다. 식물에 달린 털들이 짚신에 달라붙어 짚신과 함께 여기저기를 여행하였다는 데서 유래했다고도 하지만 전설이 담긴 '선학초'라는 이름도 좋다.

가장 정겨운 얼굴은 초봄에 태어난 아홉 마리 새끼 오리의 노란 얼굴이다. 자세히 보면 가는 줄무늬도 있다. 새끼 오리가 노란 털을 벗고 제법 의젓한 모습을 갖추어 날아갈 때까지 지켜보고 응원할 것이다.

산책의 의미를 탁월하게 짚어 낸 발터 베냐민의 이야기처럼 산책은 '체계'와 '일상' 사이의 긴장과 교착을 첨예하게 드러내는 행동 양식이자, '정주 속에 유목'하고, '유목 속에 정주'하는 것이다. 그러나 이런 도시 산책자의 일상도 기후위기에는 무기력하다.

이번 여름 장마와 폭우에 천변은 아수라장이 되었다. 나무는 뿌리째

뽑혀 나갔고 꽃밭은 엉망이 되었다. 그때 나를 사로잡은 것은 누운 풀들이었다. 뿌리까지 누워 쓰러진 채 견디고 있는 풀. 며칠이 지나자 풀은 서서히 몸을 세워 일어났다. 바람이 불어도 유연하게 흔들리며 의연히 일어나 있다. 새삼 경이롭게 보인다.

여름밤 김수영의 시 「풀」을 읽었다. 왜 풀은 먼저 눕고 빨리 울고 먼저 일어날까? 시인은 풀에 절망을 투여했고 다시 풀에게서 희망을 길어 올린다. 여기 나와 우리는 어떤 희망이 필요할까.

8월 마지막 주 수요일 개학을 했고, 마침 비가 왔다. 아이들과 비 오는 날 맨발로 운동장 산책을 했다. 우산을 쓰고 조용히 걸었다. 우산 하나에 어깨를 나란히 하고 걷는 아이들도 있었다. 교실로 들어와 발을 닦고 느낌 나누기를 하고서 시를 썼다.

온다.
비가 온다.
물방울을 튀기며 온다.

온다.
내 친구 용수가 온다.
우산도 없이 막 뛰어온다.
후두둑 후두두둑
첨벙 첨벙 첨벙

여름을 만났다.

　-최은경, 「여름」

　물방울을 튕기며 오는 비와, 우산도 없이 뛰어오는 친구를 반갑게 맞
는 순간 아이는 여름을 만났다. 그 마음에 작은 경이가 숨어 있다.

　과학과 환경 분야의 저널리스트 신시아 바넷은 '비'를 두고 '일상적으
로 경험하는 자연과의 만남 가운데 최후로 남은 길들여지지 않는 것[*]'이
라고 했다. 길들여지지 않는 아이의 마음이 성적과 등수와 온갖 규율과
잡동사니에도 부서지지 않도록 용기를 내어 함께 가고 싶다. 그 길의 시
작을 함께할 수 있는 인간, 시민, 동맹자는 누구인가. 온 우주가 우리에게
준 선물은 겁없이 철없게 사랑하는 것과 질문하는 힘이라 했다. 산책할
이유가 또 생겼다.

[*]　　『비(RAIN)』(신시아 바넷 지음, 오수원 옮김, 21세기북스, 2017).

'좋아해'로
여는
2학기

2학기 첫 다모임을 했다. 개학한 후 느낀 점을 나누었다. 그리고 '좋아해 (좋았던 일, 아쉬웠던 일, 해 보고 싶은 일)'를 알아보았다.

-좋았던 일은 '처음 만난 날, 감자 심고 캐기, 과학 시간 자동차 경주, 팔씨름 대회, 형님·아우 활동, 연애 탐구단 51, 난타 회오리 연주, 발야구, 컵타 대항전, 방울토마토 기르기, 반려동물 소개, 착시 사진, 관아 터에서 놀기, 시 놀이터'다.

-아쉬웠던 일은 '발야구에서 서로 이기기 위해 싸운 것'과 '친구에게 상처 주는 말하기'다. 이기기 위해 싸우는 것만큼 상처 주는 말이 더 심각한 문제다. '새끼, 개OO, 빡대가리, 날뛴다, 띨빵하냐?, 엄마 없니?, 생각 좀, 느그 엄마, 우한서 왔냐?, 애자' 이런 말들이다.

두 가지 문제를 어떻게 해결할지 토의했다. 발야구 때 '힘을 합쳐서 잘 움직이기, 못하는 친구 응원하기, 공 차는 법 가르쳐 주기'로 해법을 정했다. 상처 주는 말은 '잘못한 점 생각하고 쓰기, 정중하고 자세하게 구체적으로 사과하기, 욕 쓰레기통 만들어 버리기, 사과 후 선물하기, 일주일 마니또'가 나왔다. 어떤 말을 어떻게 써야 하는지 일상에서 공부하고 실천하기로 했다.

해 보고 싶은 일은 '반별 피구 대항전', '발야구', '5학년 보드게임 대항전', '놀이 한마당', '음악 소개', '시 놀이터', '정중한 사과와 편지 쓰기', '인권 활동', '마니또', '자전거 여행', '수리산 등반', '버스킹', '영상 제작'을 꼽았다.

2학기 교육과정은 '평화', '미디어', '연대와 정의'를 주제로 프로젝트 수업을 계획했다.

아이들이 하고 싶은 일을 교육과정에 넣으면 더 풍성하고 재미난 수업을 할 수 있을 것이다. 주제별로 개인, 모둠, 학급과 학년 세 가지 영역으로 나누어 계획을 짰다.

'평화로운 세상'은 '좋아하는 노래와 음악 소개'와 '정중한 사과와 편지 쓰기', '놀이 한마당'을 넣었다. 노래와 음악 소개는 음악 마법사들이 신청을 받아 진행한다. '발야구'는 체육 선생님께 이야기해서 연습 시간을 얻어서 하기로 했고, '피구 대항전'과 '보드게임'은 학년 샘들과 의논해서 놀이 한마당에서 운영하기로 했다. '정중한 사과와 편지 쓰기'는 쉽지 않다. 그냥 사과와 정중한 사과의 차이가 뭔지 잘 모르기 때문이다. 아이들이 생각하는 정중한 사과는 사과받는 사람의 마음이 풀릴 때까지 미안한 마음을 갖는 것이다. 정중한 사과는 평화로운 관계를 공부할 때 다시 배우기로 했다.

'미디어'는 '마니또', '영상 제작 및 사진전'을 넣었다. '마니또'는 국어 수업과 연계해서 '우리말 쓰기'로 하는데 일주일 동안 마니또의 아름다운 말을 모아 '말모이 마니또'를 하기로 했다. '영상 제작과 사진전'은 미술, 실과 창체에서 개교기념일과 연계해서 하기로 했다.

'연대와 정의'에서는 '수리산 등반'과 '인권 활동'이 포함된다. '수리산 등반'은 자율 동아리가 구성되어 우리 반은 수리산 플로킹으로 봉사활동을 정했다. '자전거 여행과 야영'은 코로나로 진행하기 어려워 가족끼리 하기로 했다.

문제는 '인권 활동'이다. 1학기 인권 활동은 학교 안에서 했었다. 이제 동네로 넓혀서 어린이 인권운동을 하는 것이다. 쉽지 않겠지만 하고 싶은 마음을 잘 담아 보자.

"샘, 근데 이걸 왜 하나요? 꼭 해야 하나요?"

중요한 질문이고 놓칠 뻔한 이야기다. 시간이 걸려도 이 질문에 대해 돌아가며 생각을 말했다.

"하고 싶으니까, 나만 좋은 게 아니라 다른 사람에게 도움이 된다, 싸우지 않고 잘 살기 위해서 한다, 인권은 중요하니까, 은경샘이 좋아하니까 하고 싶은 마음이 든다, 잘 모르겠다, 길고양이를 구하고 싶다, 그냥 공부보다 더 재미있다."

아이들의 말을 받아 적었다.

생각이 모이니 왜 해야 하는지 해답을 얻었다. 꼭 해야 하는가에는 바로 답할 수 없어 해 보면서 답을 찾기로 했다.

교실 달력에 하고 싶은 일과 일정을 쓰는 아이들을 보며 지치지 않고 즐겁게 하기를 마음에 꼭꼭 새겼다.

9월

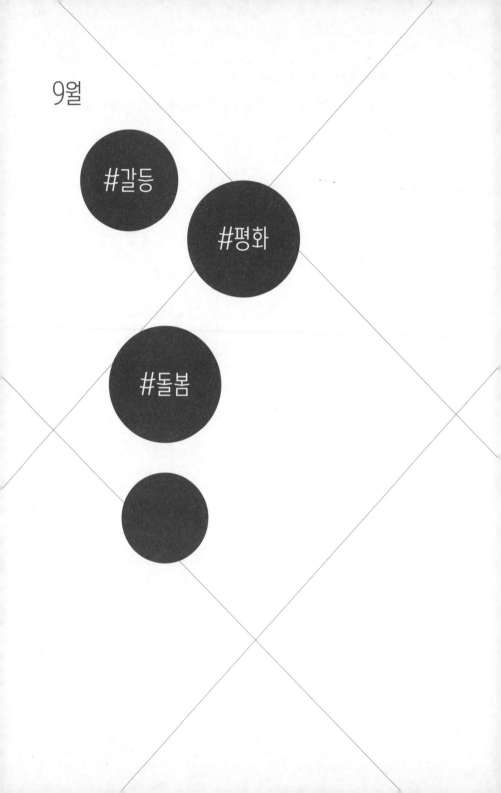

#갈등

#평화

#돌봄

아이가 건강하고 행복하게 자라도록 돕는
만큼 아이 곁을 지키는 교사의 삶도 보호받고
위로받아야 한다. 학교는 아이와 교사 그리고
학부모 모두에게 든든한 안전판이 되어야 한다.
학교가 놓치지 말아야 할 알맹이다.

그 아이
곁에 있다는
것

교실은 사회의 축소판이다. 아이는 어른의 모습을 닮는다. 빈부격차, 묻지 마 폭력, 성차별 등 어른 세계에서 일어나는 갈등과 폭력이 아이들 세상에도 그대로 있다.

사춘기에 접어든 아이들은 사소한 말 한마디로 싸우고 울고 상처받는다. 학교는 늘 민원이 폭주한다. 교실 갈등도 그렇지만 휴일이나 가정에서 일어난 일도 모두 학교나 교사에게 맡겨지니 힘에 부칠 때가 많다.

지난 주말 놀이터에서 만난 아이들끼리 말싸움이 있었다. 한 아이가 했던 말이 선을 넘었다. 가족에 관해 심한 욕을 한 것이다. 언어폭력을 당한 아이는 그때부터 잠을 잘 수 없고 말한 아이와 한 공간에 있기를 거부했다.

혼자 해결하기 힘든 사안이라 동학년 선생님들과 문제를 공유했다. 동료 교사에게 문제를 설명하고 같이 생각하는 것으로도 마음에 부담이 줄

어든다. 학교 폭력을 전문적으로 다루시는 선생님과 상의도 했다. 지난해 4학년 담임과 위클래스 선생님에게 조언을 구했다. 관리자 두 분과 학폭 담당 교사에게도 협조를 요청했다.

여유를 가지니 문제를 만든 그 아이를 다시 보게 되었다. 아이는 뭐든 열심히 한다. 이해가 빠르고 몸도 재바르다. 다만 마음에 드는 일은 기어 코 해야 직성이 풀리고, 경기에서 지거나 양보해야 할 때면 어김없이 화 를 내고 욕을 했다. 분노를 참지 못해 4학년 때까지 물건을 던지거나 친 구를 심하게 때렸다고 했다. 그에 비하면 올해는 아주 많이 잘 지낸 거다. 우리 반 아이들이 그 아이의 의견을 잘 받아 주었기 때문이다. 체육 마법 사나 동아리 대표, 발표회 사회도 모두 할 수 있었다.

그런데 싸움이 났다. 그 아이에게 원칙을 요구했기 때문이다. 전담 수 업 때는 질서를 지키며 이동하는데 그 아이 혼자 뛰어가서 하지 말라는 말을 여러 차례 했다는 거다. 그때부터 '나만 뛰지 않았다. 잘난 척한다. 이기적인 인간, 엄마 없나?'라는 말을 귓속말로 하고 아이들 앞에서 큰소 리로 욕도 했다.

두 아이의 이야기를 열심히 들었다. 왜 그런 말을 했는지 그때 어떤 마 음이었는지, 어떤 감정이 들었는지 자세히 듣고 기록하며 마음을 살폈다. 학부모와 통화는 물론이고 몇 차례 면담도 가졌다. 상황을 공유하되 아이 를 중심으로 놓고, 아이가 잘 성장해서 좋은 사람이 되기 위해 지금 우리 가 할 수 있는 일을 찾기로 했다.

그 아이의 특성인 분노를 참지 못하는 것, 심한 욕설과 폭력적인 행동 은 전문적인 치료가 필요하다. 그 아이는 놀이치료를 받았다고 했다. 약을 먹으면 조용해지는데 약을 거부했다. "나는 정신병자가 아니다, 내가 왜 약을 먹어야 하나, 잘할 수 있다", 울면서 말하는 아이를 보며 엄마도 많이 울었다고 했다. "학교에서 내 아이를 문제아로 찍어 놓고 돌보지 않았다. 오히려 차별받았다. 저학년 때는 학급을 바꿔 달라는 요청에 정말 화도 나고 억울했다." 엄마도 하소연할 곳이 필요했다.

상담 교사가 지역 청소년 센터와 연결하여 전문 상담과 치료를 할 수 있도록 애를 썼다. 관리자 두 분도 학부모의 요구를 듣고 따뜻하게 응대했다. 여러 차례 설득과 면담으로 가정에서 적극적인 치료를 시작했다. 꼭 해야 할 일은 피해를 받은 아이에게 미안한 마음을 가지고 진심을 담아 정중한 사과를 할 수 있어야 한다. 그래야 이 문제가 해결되고 두 아이 모두 제자리를 찾아갈 수 있다.

상처 입은 아이는 체험 학습을 신청하고 집에서 쉬었다. 처음엔 너무 무섭고 힘들어 이사 가고 싶다, 전학 가고 싶다고 했다. 한 주 지나고 명절이라 휴식할 수 있는 시간이 길어졌다. 아이와 부모님께 학교에서 꾸준히 관심을 주었다. 악몽을 꾸는 일이 줄어들고 전화 목소리도 조금씩 생기가 돌았다. 줌으로 수업을 하다가 어느 날 학교에 와서 친구들과 만나고 싶다고 했다. 아이가 처음 학교에 오는 날 우리 반 아이들은 교실을 꾸미고 다정한 인사말을 칠판 가득 써 놓았다. 반대로 그 아이는 체험 학습을 내어 서로 마주치지 않았다.

이 사건을 학교폭력 신고로 가야 할지 고민했다. 피해받은 아이와 어머니께 절차를 설명하고 어떻게 할지 의논했다.

"내 아이가 피해를 받고 아픈 것이 너무 화나고 억울합니다. 하지만 그 아이도 나쁜 아이가 아닐 겁니다. 치료하는 것이 먼저라고 생각해요. 학교폭력 신고는 하지 않겠습니다.”

이 말이 모두에게 약이 되었다. 치료가 필요한 아이의 아픈 마음을 살펴주는 것이 고마웠다.

두 아이가 학교에 잘 다닐 수 있도록 많은 이들이 도움을 주었다. 그중 제일은 아이들이다. 피해를 받은 아이와 등하교를 함께했고 교실에서도 자주 “우리는 친구야”라고 도닥였다. 아이의 말을 가만히 들어 주고 같이 울어 주었다. 시선이 부딪치지 않게 자리를 정하고 동선이 겹치지 않도록 했다. 더 고마웠던 일은 문제의 그 아이도 혼자 두지 않고 끊임없이 같이 놀아 준 것이다. 다만 놀이할 때 규칙을 지키지 않거나 화를 내면 그 자리에서 놀이를 그만하겠다는 약속을 정하고 꾸준히 지켜 나갔다.

그동안 시간이 어떻게 지나갔는지 모를 정도로 바빴다. 상담과 면담, 전화와 기록. 밤늦은 퇴근이 계속되니 몸과 마음이 지쳤다. 내 마음과 몸도 안아 주고 챙겨야 한다. 남편과 매일 밤 산책을 했다. 이런저런 이야기를 나누었다. 옆에서 귀 기울여 들어 주고 같이 걸어가는 이가 있어 참 고마웠다.

그 아이가 건강하고 행복하게 자라도록 돕는 만큼 아이 곁을 지키는 교사의 삶도 보호받고 위로받아야 한다. 학교는 아이와 교사 그리고 학부모 모두에게 든든한 안전판이 되어야 한다. 학교가 놓치지 말아야 할 알맹이다. 교사가 소진되지 않고 지치지 않도록 돌봄의 문화가 꼭 필요하다.

평화란 어떤 걸까?

두 아이가 안정될 때쯤 그림책 『평화란 어떤 걸까?』[*]를 읽었다. 그림을 먼저 보고 글을 읽었다. 평화 그림책은 한국, 중국, 일본의 작가들이 함께 지난 역사를 되돌아보며 폭력 없는 세상을 만들기 위해 그리고 만든 책이다. 우리 반은 역사에 관심이 많다. 표지를 보는 순간 하마다 게이코가 일본 작가라는 점을 파악했다.

"그래서 평화가 폭탄 따위를 떨어뜨리지 않는 것이라고 했죠?"

"네. 일본은 원자폭탄이 떨어져 다치거나 죽은 사람들이 많습니다."

"일본도 우리나라에 쳐들어와서 피해를 어마어마하게 줬는데 왜 자기네만 피해라고 하는 거죠?"

"아, 뒤에 보면 다시 사과하는 마음이 담겨 있어요."

---

[*]   『평화란 어떤 걸까?』(하마다 게이코 글그림, 박종진 옮김, 사계절, 2011).

"잘못을 저질렀다면 잘못했다고 사과하는 것. 이 말 찾았어요."

"그런데 사과한 것보다 안 한 게 더 많죠."

"네. 그래서 지금도 피해자들과 여러 단체가 노력하고 있습니다."

"그림책『꽃할머니』가 생각납니다."

그림책『꽃할머니』*를 함께 읽고, '안산 소녀상 훼손 사건'도 다루었다. 몇 해 전 소녀상 뉴스를 듣고 당시 우리 학교 선생님들과 학생들이 직접 가서 소녀상을 깨끗이 닦고 주변을 정리했다. 전쟁과 폭력이 없어져야 평화로운 세상이 되는 것처럼, 우리 안에 있는 폭력적인 관계와 갈등이 해결되어야 평화로운 일상을 누릴 수 있다.

다음은 마음에 드는 문장을 찾고 '평화로운 우리 반'을 생각해 보았다.

-싫은 건 싫다고 혼자서라도 당당히 말할 수 있는 반

-잘못했다고 사과하는 반

-마음껏 뛰어놀 수 있는 반

-태어나길 잘했다고 칭찬하는 반

-친구가 될 수 있는 반

아이들이 말하는 다섯 가지는 모두 연결되어 있다. 친구가 되면 간혹 싸우기도 하지만 맘껏 뛰놀며 태어나길 잘했다는 칭찬이 저절로 나오게 된다. 그러기 위해 당당히 말하고 사과하는 힘을 길러야 한다.

* 『꽃할머니』(권윤덕 글그림, 사계절, 2010).

앞서 두 아이 사건이 완전히 해결되지 않았다. 친구들 앞에서 공개적으로 사과를 했지만, 피해를 받은 아이는 아직 사과를 받아들이기 힘들다고 했다. 그 아이의 행동이 어떻게 변하는지 지켜보고 사과를 받겠다는 것이다. 지금 우리 아이들은 정중하게 사과할 용기가 필요하다. 또한, 사과를 받아들이지 않을 자유도 인정되어야 한다.

평화로운 관계를 만들고 유지하는 일은 시간과 정성이 많이 든다. 평화로운 일상은 평화로운 말과 생각, 행동이 만들어 가기 때문이다.

역사를 보면 정중하고 진실한 사과는 그리 많지 않다. 힘 있는 국가나 개인일수록 약자에게 고개 숙이는 일은 하지 않는다. 빌리 브란트 전 서독 총리가 폴란드의 수도 바르샤바의 유대인 위령탑 앞에서 무릎을 꿇고 독일 민족을 대표해 나치의 유대인 학살에 대해 사죄한 지 반세기가 지났다. 1970년 12월 7일 폴란드와의 관계 정상화를 위한 바르샤바 조약 체결을 위해 독일 총리로서는 처음으로 폴란드를 방문해 했던 이 사죄는 오늘날까지 상징적인 장면으로 남아 있다.

'아우슈비츠 수용소 해방 70주년'을 맞이해서 독일 메르켈 총리가 올해도 어김없이 머리 숙여 사과했다는 뉴스를 보며 독일의 시민교육과 정치교육의 힘을 느낄 수 있다. 그래서 일상과 학교에서 시민교육이 필요하다. 유치원부터 어른이 되어서도 꾸준히 시민교육을 배우고 성찰할 수 있어야 할 것이다.

'평화로운 우리 반'이 되기 위해 1학기 때 정한 약속을 다시 한번 살펴보았다. 그리고 5학년 1반 평화 약속을 다시 만들었다.

-욕(비속어) 쓰지 않기(패드립, 거친 말 등)

-신조어, 줄임말 사용 줄이기

-친구가 기분 나빠 할 말 쓰지 않기(귓속말, 뒷담화 등)

-다정한 말, 따뜻한 말 삽니다. 거친 말은 안 사요!

언제까지 지켜야 하나 했더니 10월 말, 겨울 방학 할 때까지라는 의견이 많았다. OO이가 늙어 죽을 때까지 뼈를 묻어야 한다 해서 손뼉을 쳐 주었다. 일단 10월 마지막 날까지 실천하고 우리말에 대해 더 공부하기로 했다.

"야, 너는 약속해 놓고 바로 욕하면 어떡하냐?"

"그러게, 왜 그랬지?"

"다음부터 조심해야지, 뭐."

"아싸! 고마워."

욕을 한 아이와 그 욕을 들은 아이의 대화다. 그런데 반응이 좀 다르다. 기분 나쁜 건 같은데, 함께 만든 약속을 지킬 걸 요구하니 싸움으로 번지지 않았다. 아이들은 스스로 정할 때 행동한다. 또 지킬 힘을 키운다. 스스로 정하고 할 방법과 기회를 마련해 주는 것이 중요하다. 더 자세히 보면 태어나길 잘했다거나 친구가 되는 것도 평화로운 말하기와 다르지 않다. 부쩍 자란 아이들의 모습. 좋은 모습에 아낌없이 칭찬한다. 멋지다! 5학년 1반 민들레 모두.

먹이고
살리는
손

코 : 코로나야!

로 : 로켓 타고 지구 밖으로

나 : 나가 주면 안 되겠니?

코로나 삼행시 쓰기로 아침 공부를 열었다. 태O이가 쓴 시가 친구들의 열띤 호응을 받았다. 평화 프로젝트를 하면서 읽는 두 번째 책은 『장군님과 농부』*다. 원래 이 작품은 단편 동화로 출간되었다가 그림책으로 만들어졌다. 표지를 보고 이야기를 시작했다.

"제목과 그림이 좀 달라요. 장군님과 농부인데 농부를 크게 그리고 장군님은 아주 작고 초라하게 그려 놓았습니다."

---

* 『장군님과 농부』(권정생 글, 이성표 그림, 창비, 2018).

"두 사람을 모두 푸른색으로 그렸는데 왜 그랬는지 궁금해요."

"장군님에 '님'이 있어 높은 사람처럼 보이고, 농부는 낮은 사람처럼 들려요."

천천히 그림을 보고 글을 읽고 다시 그림을 보았다. 느낌을 이야기했다. '장군님과 농부는 서로 바라보고 있다. 장군의 모습은 점점 초라해지고 얼굴도 색깔이 어두워진다. 농부는 처음 모습에서 변하지 않고 계속 일을 한다. 장군은 일도 안 하면서 농부에게 계속 뭘 시킨다. 농부는 화도 내지 않고 일만 하니 답답하다. 결말이 통쾌하다. 농부가 시민들의 존경을 받는다.'

다음 활동으로 장군과 농부에게 질문을 만들고 인터뷰를 하였다.

농부에게

-왜 장군님을 도와줬나요?

-왜 장군이 시키는 일을 다 했나요?

-다른 사람들은 모두 떠난 마을에 왜 혼자 남아 있었나요?

-농부님, 무인도를 떠날 때 어떤 생각을 했나요?

-앞으로 어떻게 할 건가요?

장군에게

-당신은 왜 부하들을 버리고 도망쳤나요?

-농부에게 계속 일만 시켰나요?

-무인도에 혼자 남았을 때 기분은 어땠나요?

-무인도에서 앞으로 어떻게 살아갈 건가요?

질문을 살펴본 후 장군님과 농부가 되어 질문에 대한 답을 알아보았다. 모둠별로 기자, 장군님, 농부, 기록이로 역할을 나누어 활동했다. 아이들의 생각은 이렇다.

농부는 '농사를 짓고 기르는 사람, 목수이기도 하고 생명을 소중히 여기는 사람, 책임감이 있고 성실하다, 남을 지킬 줄 아는 사람, 코로나 19 의료진과 봉사자들과 같은 사람'이다.

장군은 '게으르다, 명령만 하고 일은 못하는 사람, 다른 사람 생각은 할 줄 모르는 사람, 책임감이 없이 혼자 도망가는 사람, 세월호 선장 같은 사람, 코로나 규칙을 안 지키는 사람'이다.

지금 우리 사회에서 농부와 장군님은 어떤 사람인지 떠올리며 내 생각을 글로 썼다.

-나는 농부의 손 그림이 제일 기억에 남는다. 농부의 손이 있어야 장군도 살아갈 수 있기 때문이다. 농부의 손은 인터넷에서 보았던 코로나 19 의료진의 손을 닮았다. 오랫동안 장갑을 끼고 있어서 퉁퉁 붓고 험한 손이었다. 우리 할머니도 근로 봉사를 한다. 엄마랑 아빠가 하지 말라고 하는데 계속한다. 돈을 벌어야 맛있는 것도 사 주고 좋은 일도 할 수 있다고 했다. 우리 할머니 손이 농부 손 같다.

-내가 작가라면 농부님과 장군이라고 했을 거다. 그리고 뒷이야기를 상상해 보았다. 혼자 남은 장군은 굶어 죽었을까. 아닐 거다. 그동안 농

부가 하는 걸 보았으니 따라 해서 살아남을 것이다. 뒷이야기 상상하기에서 OO이가 "농부는 결국 장군님을 구하지 않을까?"라고 물었다. 나라면 어떻게 할지 생각해 보니 농부는 혼자 살아가는 장군을 구할 거라고 생각했다. 장군은 자기만 생각하는 사람인데 꼭 구해야 하나 생각도 했다.

-안녕하세요? 저는 안산초 5학년 1반 OO입니다. 오늘 『장군님과 농부』를 읽고 덕분에 챌린지를 했습니다. 사진 찍을 때 쑥스러웠지만 코로나 19를 막기 위해 애쓰시는 분들에게 고마운 마음을 담았습니다. 또 편지도 썼습니다. 고맙습니다. 저희가 보낸 사진과 편지가 힘이 되기 바랍니다. 코로나로 학교에 못 오는 친구도 있습니다. 빨리 코로나가 사라지기를 바랍니다. 건강하세요. 핸드크림도 자주 바르세요. 이만 씁니다.

지금 우리는 어떤 사람으로 살아가는가? 장군도 농부도 다 같은 사람인데 다른 사람을 대하는 태도는 정반대다. 사람을 살리는 교육, 지구를 살리는 사람은 농부의 마음을 기억해야 할 것이다. 아이들에게 그림책을 읽어 주는 이유이기도 하다.

지렁이 '칼'처럼
살아가기

감자 캔 밭에 고구마를 심었다. 고구마순을 잘라서 심었는데 지킴이 선생님과 부군께서 애를 많이 쓰셨다. 리코더를 가져가서 음악도 들려주고 물도 주었다. 고구마 덩굴을 쳐야 하는데 이런저런 일로 미뤄 두었더니 발디딜 틈이 없었다. 주무관님과 지킴이 선생님이 볼 때마다 한마디 하셨다. '심고 캐는 것만 중요한 게 아니다. 풀을 뽑고 순 치고 가꾸는 게 더 중요하다'라고. 딱 맞는 말씀인데 머리가 아는 걸 몸이 못 따라간다. 교육은 바쁘지 않아야 한다. 절기를 따라 계절 감각을 익히고 관계와 순환을 배운다. 교육과정에 '민주시민교육, 생태교육, 평화교육, 혁신교육' 글자로만 번지르르 만들어 놓은 건 아닌가.(이제 반성하고 제대로 하자!!)

아침 일찍 주무관님과 교감샘이 낫으로 우거진 고구마 덩굴을 잘라 주셨다. 아이들은 호미를 이용해서 살살 흙을 파고 순을 걸어 냈다.

"고구마야, 잘 자라 줘서 고맙다. 이제 우리가 널 캐서 잘 먹을게."

자기 머리만 한 고구마를 캔 아이도 있다. 지렁이도 있고 근처 도랑에 뱀도 있었다. 모두 놀라 뒷걸음질 치는데 주무관님이 잡았다. "물뱀이네. 이건 도랑에 살아. 물뱀도 있고 땅뱀도 있어. 큰 거는 아이들도 잡아먹는다" 하셨다.

뱀 이야기를 들은 아이들이 말했다.

"사람이 제일 이상해. 돈이 되면 야생 동물도 함부로 잡아서 팔잖아."

"맞아, 그래서 코로나도 퍼지고. 사람이 제일 위험해."

고구마 캐다 뱀 이야기로, 무분별한 동물 포획에 코로나까지 수다가 이어졌다.

고구마는 모두 세 상자가 나왔다. 잘 씻어서 말린 다음 나눠 가기로 했다. 이어서 고구마에 대한 역사, 고구마의 특징과 요리를 알아보았다. 고구마를 관찰하고 자세히 그렸다.

"샘, 고구마 캘 때 참 이상했어요. 손으로 흙 만지는 게 좋아요."

"오늘은 우리가 농부, 농부의 손."

"흙 속에 얼마나 많은 생물이 사는지 아세요?"

"글쎄?"

궁금한 마음으로 그림책 『지렁이 칼의 아주 특별한 질문』*을 읽었다.

지렁이 칼은 땅속에 살면서 온갖 걸 보슬보슬한 흙으로 갈아엎으며 날마다 열심히 살아간다. 그러던 어느 날, 들쥐가 묻는다.

"왜 그런 일을 하는 거야?"

---

* 　『지렁이 칼의 아주 특별한 질문』(데보라 프리드만 글그림, 이상희 옮김, 비룡소, 2021).

마땅한 대답을 하지 못한 칼은 들쥐의 질문에 대한 답을 찾아 떠난다. 아이들은 칼이 답을 찾는지 궁금해했다. 칼은 결국 자기가 있었던 자리로 돌아간다. 답을 찾았기 때문이다. 칼은 자신이 있어야 땅이 건강해지고 딱정벌레가 살아간다는 걸 알게 되었다.

"지렁이를 징그럽다고 생각했는데 지렁이도 생명이니 소중한 거네요."

"지렁이가 지나갈 때 피해 갔는데 다음에는 풀밭으로 옮겨 줘야겠어요."

아이들은 이야기를 듣고 우리도 지렁이 칼처럼 살아가고 있는지 생각해 보자고 했다. 아무 말이 없었다. 어떤 대답을 할지 기다렸다. 한참 후에 연O가 먼저 말을 시작했다.

"지렁이가 땅을 보드랍게 해서 생명을 키우잖아요. 우리도 방울토마토가 잘 자라도록 물도 주고 가꾸니까 괜찮다고 생각해요."

"플라스틱을 잘 안 쓰고 분리수거를 하는 것도 칼처럼 사는 거예요."

"꿀벌이 못 살면 인간도 살 수 없다고 했어요. 저탄소 생활을 해야겠죠."

"그래야 코로나도 끝이 난대요."

우리 학교는 매년 곡식과 열매를 키우고 수확한다. 올해는 그 의미가 남다르다. 식물을 키우는 일은 지구에서 어떤 일을 하면서 살아가는지, 무엇을 위해 살아가는지에 대한 답이기 때문이다. 코로나로 멈춰진 세상에서 천천히 다시 생각하고 실천할 일을 찾는다. 예전으로 되돌아갈 수 없다면 지금부터라도 자연을 무너뜨리면 안 된다. 고구마밭에서 풀을 뽑고, 물을 주고 가꿀 때 아이들은 농부가 되어 생명의 감각을 느낀다. 그 감각을 잊지 않고 오래 기억하면 좋겠다.

아이들은 캔 고구마를 가지고 집으로 갔다. 할머니께 드리고, 동생에게 자랑도 하겠단다. 오늘 저녁 내가 기른 고구마를 먹을 때 지렁이와 꿀벌의 수고가 있었다는 걸 잊지 않았으면 좋겠다.

10월

#미디어

#디지털

#리터러시

가짜 뉴스를 구별하는 것만큼 가짜 뉴스의
영향력을 줄여 가는 것도 중요하다. 가짜 뉴스는
정치적이고 역사적 사건의 진실을 감추고 편향된
생각을 유포하여 사건 당사자들의 인권과 권리를
침해한다. 6학년 사회에서 다룰 5·18은 대표적인
사례이다. 가짜 뉴스를 넘어 슬기롭게 뉴스 보기는
꾸준히 기르고 익혀야 할 공부이다.

코딩과
미디어
리터러시

코로나 이후 원격 수업이 전면화되면서 디지털 역량이나 인공지능(AI) 교육에 대한 논의가 활발해졌다. 우리 학교에서도 미디어 교육과 디지털 리터러시에 대한 교육과정 운영을 협의하였다. 5~6학년 정보통신교육 예산을 확보했고 코딩 수업을 하기로 했다. 전문 강사와 협력 수업을 했다.

코딩을 배우는 목적에 대한 자료를 읽었다. 코딩을 통해 소프트웨어가 작동하는 근본 원리를 알 수 있다. 코딩 교육을 통해 새로운 운영 시스템이나 다른 프로그램, 앱, 새로운 기기에 빨리 적응할 수 있다. 더 나아가 웹폼을 만들거나 앱에 기능을 추가하려면 무엇이 필요한지 알 수 있다. 기능적인 목적 이외에 교육적 목적을 추가했다. 학생들이 게임, 쇼핑, 동영상을 이용하는 일방적인 소비자에서 상상하고 창조하는 생산자의 경험을 하는 것이다.

첫 수업에서 네이버 메인 화면을 켜고 오른쪽 마우스를 눌러 '페이지 원본 보기'를 실행했다. 화면 가득 웹 개발 언어가 보이고 주소창에 'view-source:https://www.naver.com/'가 떴다. 영어로 된 명령어라 익히기 힘들지 않을까 생각했는데 아이들은 의외로 익숙하게 따라 했다.

'코딩으로 나만의 게임 만들기'를 주제로 10차시 수업이 진행되었다. '엔트리'를 시작으로 반복문과 조건문, 변수의 이해, 리스트의 이해를 배우며 몰입하는 아이들을 볼 수 있었다. 그런데 수업이 점점 일방적이고 획일적으로 흘러갔다. 튜터와의 상호작용이나 공동작업이 거의 진행되지 않았다. 수업을 마치고 평가 시간을 가졌다.

아이들의 평가는 이렇다. '배경 만들기, 게임 캐릭터 옷 입히기, 다양한 오브젝트 만들기, 메모장 만들기를 배울 수 있어서 좋았다. 변수나 리스트를 이해하기 힘들었다. 잘하는 친구들 속도를 따라가지 못해서 중간에 포기했다. 게임을 완성하지 못해서 아쉽다. 게임을 직접 만들어 보고 싶다. 게임 영상을 올리고 싶다.' 소통 환경의 변화를 피부로 느낀 아이들은 재미있다며 수업 만족도가 높았다.

교사 평가는 조금 달랐다. '디지털 리터러시나 디지털 미디어 역량 강화와는 거리가 멀다. 학원에서 진행하는 일반적인 코딩 수업이다. 교사가 교과 교육과정을 살피고 미디어 교육으로 접근해야 한다. 아이들이 실제로 상상하고 창조할 수 있는 인문학적 문해력이 필요하다.' 교사가 미디어 교육을 받은 경험이 없어 어떻게 접근해야 할지 막막하다는 의견도 있었다.

평가를 바탕으로 몇 가지 아이디어를 얻었다. 코딩 수업으로 시작한 정보통신교육의 한계를 벗어나 미디어 리터러시 역량을 키우기 위한 교육과정이 필요하다. 특히 '미디어 리터러시', '디지털 시민성', 'ICT 역량' 등 혼재하는 개념에 대한 기본 이해와 리터러시에 대한 공감대 형성을 위한 학습이 선행되어야 한다.

수업에서는 "미디어가 주는 정보는 모두 믿을 수 있는가?", "미디어 정보를 대할 때 우리는 어떤 자세를 가져야 하는가?", 더 나아가 "디지털 시민의 권리가 무엇이고 어떤 의무가 요구되는가, 디지털 세상의 윤리는 무엇인가"에 대해 의논하고 합의를 이루어 가는 태도 기르기가 요구된다. 학부모 대상으로 스마트폰 사용과 어린이 초상권에 관한 토론과 합의가 필요하다는 의견도 있었다.

미디어 교육의 전문적인 이해를 위해 현장에 있는 전문가 선생님을 모시고 강의를 들었다. 'AI와 더불어 살아가기'를 주제로 디지털 생활과 시민성을 고민해 보았다. 궁금했던 '리터러시'는 재개념화가 필요하다. 강의를 듣고 국어 교육과정에서 다루는 매체 즉 '미디어 리터러시'를 이해했다. 일반적으로 리터러시란 글을 읽고 쓸 줄 아는 능력이다. 즉 말과 글을 읽고 비판적으로 수용하고 소통하며 창의적으로 생각하고 표현함으로써 참여하고 협력하는 능력 즉 시민 역량으로 정의하였다. 여기에 '디지털 리터러시'란 컴퓨터 조작 기술을 넘어서서 디지털 미디어의 기술적, 사회적, 인지적인 통합적 능력이다. 언어에 대한 이해와 합의가 되자 미디어 교육에 대한 기획과 태도가 적극적으로 바뀌었다.

강의에서 인상 깊었던 내용은 '생애주기별 디지털 역량교육'이다. 국가 표준으로 정해 놓고 학교 교육과 평생교육이 협력해서 운영하는 것이다. 이러한 사회적 노력은 디지털 환경을 보다 안전하게 만들 뿐 아니라 어린이가 디지털 시민으로 성장하기 위한 안전판이 될 것이다.

해외의 학교 미디어 교육 방식을 현재 우리와 견주어 보고 새로운 관점을 얻기도 했다. 강의와 토론 이후 자료와 책을 보고 발제도 하면서 미디어 리터러시에 대한 공감대를 형성해 갔다.

미디어 수업을 고민하면서 변화가 생겼다. '미디어, 미디어의 역할, 사이버 생활, 디지털 시민, 존중하며 사는 법'이란 말을 사용하게 되었다. 말이 곧 사람이고, 삶이라는 걸 느낀다. 수업의 모든 과정에 어린이의 목소리와 의견과 삶이 담기도록 할 것이다.

가짜
뉴스를
넘어

미디어 프로젝트 수업을 위해 태블릿에 구글 환경을 만들어 디지털 학습이 잘 진행되도록 준비했다. 설문 조사로 교사와 아이들의 의견을 모았다.

'왜 가짜 뉴스가 이렇게 늘어날까? 가짜 뉴스는 어떻게 구별해야 할까? 좋은 뉴스는 어떻게 알아볼까? 디지털 가상 화폐가 궁금하다. 어른들이 내 사진을 공유하는 것이 불편하다. 친구끼리 채팅한 이야기를 다른 친구에게 전달한다. 그래서 싸움이 일어난다. 사이버 블링, 악플, 게임 과몰입, 적나라한 광고의 피해는 왜 생길까? 개인정보 유출에 대한 피해를 막을 수 없나? 정보의 편향이 심하고 정치적이고 역사적 사건에 대한 탈진실의 피해가 크다.'

질문을 모으고 다양한 자료를 참고해서 온작품 읽기와 연계한 35차시 프로젝트 수업을 만들었다. 처음에는 12차시로 구성했는데 협의하면서 다룰 내용이 풍성해지고, 미디어 활용에 대한 요구를 담아 차시가 늘게

되었다. 수업은 '공감과 질문하기', '탐구하기', '표현하기', 3단계로 계획
했다. 다양한 텍스트(인쇄, 영상, 인터넷 매체)를 읽고 기호와 문자의 의미를
파악하는 '문해력'을 넘어 세상과 만나는 '미디어 리터러시'를 기르도록
구성하였다. 교실과 집 그리고 세상을 향한 삶의 실천으로 내면화를 지향
하는 수업이다. 주제 중심 교과통합으로 진행되는데, 사회참여 활동으로
한글날 우리말 지킴이 행사와 건강한 사이버 생활 캠페인을 계획했다.

먼저 믿을 만한 정보 찾기를 주제로 '진짜 뉴스 vs 가짜 뉴스', '슬기롭
게 뉴스 읽기'를 했다. 〈지식채널e〉의 '정말 아무 뉴스나 다 믿는구나' 편
을 보고 가짜 뉴스가 어떻게 만들어졌는지 알아보았다. 이 영상은 240번
버스 운전기사의 아동 방치와 학대 뉴스가 어떻게 만들어졌고 유통되어
전 국민적 분노를 일으켰는지 잘 보여 준다. 가짜 뉴스가 퍼져 가는 흐름
을 파악해 보았다.

모둠별로 주제를 정해서 가짜 뉴스를 찾아보았다. 교실에서 태블릿을
사용하여 진행했다. 코로나 19에 대한 허위 정보와 가짜 뉴스가 많았고
북한군 침입, 연예인 OOO 사망 등 선정적인 기사도 있었다. 읽기 자료
'왜 가짜 뉴스가 범람하는 걸까?'를 읽고 가짜 뉴스가 늘어나는 원인을
알아보았다. 아이들은 가짜 뉴스가 다 허위는 아니고 제목이나 사진을 보
고 싶게 편집하기 때문에 눈길을 끌 수밖에 없다고 했다. 섬네일에 혹해
서 들어가 보면 다른 내용이 들어 있거나 게임 관련 낚시 기사로 피해를
본 사례도 이야기했다.

국립통일교육원에서 발간한 '가짜 뉴스를 판별하는 10가지 방법'을
읽고 가짜 뉴스를 판별하는 법을 익혔다. 내용이 생각보다 어려웠다. 영

상자료 〈가짜 뉴스 감별 능력 테스트, 당신은 몇 점인가요?〉[*]를 보고 실제로 해 보았다. 뉴스 형식, 의도, 허위, 기만이라는 요소를 알게 되었다.

가짜 뉴스를 확인하는 활동지를 사용하여 구별법을 익혔다. 다음은 포털에서 가짜 뉴스나 허위 정보를 찾아보는 방법을 알아보았다.

'슬기롭게 뉴스 읽기'는 어떤 뉴스가 신문과 포털의 1면 뉴스가 되어야 하는지 생각해 보는 활동이다.

신문에 보도된 오늘의 뉴스 9가지를 보고 뉴스 중 꼭 보도되어야 하는 것을 고른다. 개인이 먼저 고른 다음 이유를 쓰고 모둠 친구들과 의논해서 신문 1면에 실을 가장 중요한 뉴스 두 개를 고른 후 헤드라인 뉴스를 정하는 것이다.

1. 톱스타 연예인 김미영 씨와 이성훈 씨 교제 중

2. 가짜 분유를 먹은 아기 중태

3. 아이돌 가수의 하루는 헬스로 시작

4. 학교 앞 분식점, 위생 상태 불량이 심각한 수준

5. 추운 날씨에 사망하는 노숙자에 대한 대책 시급

6. 스마트폰 중독, 아이들의 뇌 발달에 악영향

7. 옷이나 머리카락에 흡수된 담배 냄새도 건강에 해롭다는 연구 결과 발표

[*] https://youtu.be/dfv2TBx2Tjw

8. 비싼 대학 등록금 때문에 빚쟁이가 된 대학생들

9. 축구 선수 이번개 씨 해외에서 달콤한 휴가 중[*]

9가지 예시 중에서 아이들의 선택을 가장 많이 받은 뉴스는 2번과 4번, 6번이다. 아이들 생활과 직접 관련된 뉴스들이다. 7번과 8번, 9번도 많이 선택되었다.

헤드라인 뉴스의 공통점은 사람의 생명, 안전, 건강에 대한 중요한 정보가 있는 뉴스이자 사회적으로 시급하게 해결되어야 할 뉴스이다. 신문이나 포털 1면 뉴스가 될 중요한 사건을 선정하는 활동을 통해 선택된 뉴스라 할지라도 얼마나 중요하게 다루어지느냐에 따라 사람들에게 미치는 영향이 다르다는 걸 알 수 있다.

가짜 뉴스를 구별하는 것만큼 가짜 뉴스의 영향력을 줄여 가는 것도 중요하다. 가짜 뉴스는 정치적, 역사적 사건의 진실을 감추고 편향된 생각을 유포하여 사건 당사자들의 인권과 권리를 침해한다. 6학년 사회에서 다룰 5·18은 대표적인 사례이다. 가짜 뉴스를 넘어 슬기롭게 뉴스 보기는 꾸준히 기르고 익혀야 할 공부이다.

---

[*] 『더불어 사는 민주시민(초등학교 5~6학년)』(장경훈 외, 경기도교육청, 2019).

디지털
시민

미디어 수업에서 사회참여 활동은 두 가지로 계획하였다. 그중 하나가 10월 9일 한글날을 기념한 '우리말 지킴이' 활동이다. 줄임말, 신조어, 비속어 대신 서로를 존중하는 말을 사용하자는 약속을 공개적으로 하는 것이다. 먼저 줄임말과 신조어, 비속어 사용 실태를 조사하는 데 다양한 디지털 도구를 활용하였다. 태블릿을 활용하여 구글 설문으로 결과를 알아보았다. 가장 많이 쓰는 신조어는 단톡방 설문 방법을 활용하였다. 아이들은 조사 결과를 PPT에 담아 발표하였다. 비속어는 인터뷰를 사용에서 피해를 고발하는 영상자료도 만들었다. PPT, 구글과 네이버 설문조사 방법은 동영상을 보면서 같이 익혔다. 특히 구글을 활용하니 종이 설문과 달리 빠르게 많은 이들이 참여하는 효과가 있었다.

우리말 캠페인은 9시 등교에 맞추어 교문 앞에서 진행되었다. 피켓에 적힌 문구도 아이들만의 톡톡 튀는 아이디어를 볼 수 있었다. 여럿이 구호를 외치면서 우리말 사용에 대한 의견을 전달했다.

두 번째 활동은 '무엇을 어떻게 바꿀까요?'라는 질문을 시작으로 동화 『목기린 씨 타세요!』*를 읽었다.

목이 긴 목기린 씨가 화목마을로 이사를 왔는데 천장이 낮아 마을버스를 탈 수가 없었다. 9번지 집에서 1번지 사무실까지 매일 걸어 다니며 혼자 끙끙거렸다. 문제는 어떻게 해결되었을까. 가운데까지 읽고 목기린 씨가 버스에 탈 방법을 생각해 보았다.

'버스를 개조한다, 버스 뒤쪽에 탄다, 버스 천장에 탄다, 헬리콥터 버스를 만들어 이동한다.'

아이들다운 생각이다.

목기린 씨가 교통사고를 당한 후 스스로 버스 천장을 설계해서 화목마을 고슴도치 관장에게 전한다. 주민들도 자기들 대신 교통사고를 당한 목기린 씨의 처지를 알고 공감한다. 결국 목기린 씨뿐만 아니라 새로 이사 온 주민들도 마을버스를 타게 된다. 마지막 장면에는 '목기린 씨 타세요' 버스가 아름답게 그려져 있다. 윤정주 작가의 그림이 이야기를 더 풍부하게 했다.

목기린 씨를 쓴 이은정 작가는 키가 무척 크다. 키가 너무 자라자 버스에 못 탈까 봐 걱정도 했단다. 어릴 때 말을 잘하지 못해서 글쓰기를 했는데 말 대신 글로 생각을 표현하는 게 너무 신났다는 이야기를 전했다. 책을 읽고 나서 '주변에 목기린 씨 같은 사람이 있는지 알아보자, 동네의 불

---

* 『목기린 씨 타세요!』(이은정 글, 윤정주 그림, 창비, 2014).

편한 점을 찾고 개선하자' 두 가지 의견이 나왔다.

1학기는 학교 안에서 불편한 점을 찾아 개선하는 활동을 했다. 2학기 활동은 '안산동 지킴이'로 정했다.

세 모둠으로 나누어 동네를 돌아보았다. 아이들이 찾은 불편한 점은 다음과 같다. '햇쨍 놀이터'와 '아래 놀이터'에 부서진 놀이기구를 바꾸도록 건의하는 것이 첫 번째다. 학교 근처와 관아 터 그리고 공원 주변에도 휴지와 담배꽁초가 많다는 것과 길고양이 집이 없어진 것도 찾았다.

찾은 내용을 사진과 영상으로 만들어 공유했고, 무엇을 어떻게 바꾸어야 할지 협의했다.

먼저 '놀이터' 문제다. 검색을 통해 놀이시설 현황 알아보기, 놀이터 관리하는 곳을 찾아 건의하기 두 가지 활동을 했다. 검색을 통해 행정안전부에서 '어린이 놀이시설 안전관리법, 동법 시행령 및 시행규칙'에 의거해, 어린이 놀이시설에 대해 설치부터 유지까지 총괄하는 안전관리 시스템을 운영하고 있다는 것을 알게 되었다. 행정안전부에서 제공하는 어린이놀이시설 안전관리시스템에 접속해 우리 동네 놀이터 시설 현황을 확인했다. 보험 가입과 안전 교육 이수 여부를 알 수 있었다. 하지만 데이터에서 보여 주는 것과 실제 상황은 차이가 있었다. 놀 수 있는 곳이 놀이터다. 놀 수 없으면 놀이터가 아니니 그 문제를 해결해야 한다. 아이들은 건의서를 썼다.

안산 시장님께.
저희는 안산초등학교 5학년 1반 OO이와 OO입니다. 저희 안산동에

'햇쨍 놀이터'가 있습니다. 그런데 몇 개월 전부터 놀이터를 고치기 시작했습니다. 처음에 그네를 없애고 나서 몇 개월이 지났는데 방치만 하고 있다가 지난달에 좋은 그네를 설치했습니다. 문제는 사람을 보기도 힘든 놀이터라는 겁니다. 365일 사람 한 명 없습니다. 그런데 그 '아래 놀이터'는 사람들이 많습니다. 하지만 이 놀이터는 부서진 데가 있어도 대충 고치기만 해서 다시 고장이 납니다. 사람 없는 곳은 잘해 놓고 많은 곳은 대충 이렇게 하는 것이 이해가 되지 않습니다.

국민들 세금으로 놀이터나 시설이 운영된다는 것을 알고 있습니다. 지금이라도 고쳐서 저희 아이들이 기분 나쁘지 않게 사용할 수 있도록 해 주십시오. 우리가 바라는 건 오직 정당한 복지입니다.

친구들 앞에서 쓴 글을 읽고 다음 활동을 의논했다. 우선 안산시에서 놀이터를 관리하는 게 맞는지, 어느 부서 누구에게 전달해야 할지 아직 생각해 보지 않았다고 했다. 고민하고 질문하는 아이들이 대견했다. 놀이터를 관리하는 곳을 찾아 조사도 하고 검색도 했다. 결론은 건의서를 안산동 주민 자치회에 전달하는 것이다. 덤으로 상록구청 누리집 주민 자치센터에서 어린이를 위한 프로그램과 가입 정보도 알아보았다. 본인 인증 절차가 있어 학부모들의 도움이 필요했다. 어린이 발레, 목요 미술, 요가, 레고, 만들기 등은 방과 후 프로그램으로 이용할 수 있다.

건의서는 온라인과 직접 제출하는 방법이 있는데 쓴 아이들이 직접 제출하였다. '안전한 등굣길 만들기' 활동처럼 학교와 마을이 개선되기 바란다. 접수 후에 어떤 답변이 올지 기다리기로 했다.

두 번째는 관아 터와 학교 주변 그리고 공원 쓰레기 문제다. 생각보다 쓰레기가 많아 우리 반 혼자 하기는 힘들었다. 고구마밭 가는 길이나 체육 수업 후에 세 반이 돌아가며 하자는 의견에 아이들도 찬성했다. 봉사 활동도 좀 더 재미있고 활동적이면 좋겠다 싶어 산책과 가벼운 달리기를 하면서 휴지와 쓰레기를 줍는 '플로깅'을 했다. 학교 담장 앞에 모여 집게와 쓰레기봉투를 들고 기념사진도 찍었다. 다른 반이 미리 해서 그런지 쓰레기가 많이 없었다. 깨끗해진 동네를 지나 수리산 약수터까지 갔다. 주변 환경이 깨끗해지면 아이들은 더 건강하게 자란다.

마지막은 '길고양이 집 만들기'다. 필요한 물품을 신청받았다. 스티로폼, 테이프, 헝겊이나 깔개가 필요하고 고양이들 간식도 필요하다고 했다. 재료는 학교와 동네 재활용품을 이용할 것이다. 간식은 자율 동아리 운영비에서 신청했다. 미술 시간에 모둠별로 모여서 열심히 만들었다. 모나가 아이들이 만드는 과정을 찍고 재미있게 편집해서 모두 즐겁게 보았다. 그런데 길고양이 집을 마을에 두는 건 책임져야 할 일이 생긴다는 거다. 길고양이들이 음식물 쓰레기봉투를 뒤지고 다녀 근처가 지저분해진다는 것과 따뜻한 차 위나 아래 숨어 있어 놀란다는 것이다. 길을 떠도는 동물은 대개 버려진 아이들이기 때문에 먹이와 잠자리를 제공해서 문제를 해결하고자 했다. 어떻게 할지 방법을 찾아야 했다. 학급 누리집을 통해 아이들의 활동과 고민을 본 학부모님이 장소를 제공해서 문제가 해결됐다.

길고양이 보호소를 만들고 얼마 후, 추워지면 동물들에게 씌워 줄 목도리를 만든다고 해서 털실과 바늘도 샀다. 오늘 '길냥이 저녁밥 셔틀'이란 제목의 영상과 글이 올라왔다. 아이들이 좋아요와 답글로 응원했다.

안녕하세요? 저녁밥 셔틀 영상입니다. 노랑이와 밀크 그리고 맹코 세 마리가 있죠. 고양이 밥을 주고 먹는 걸 보는데 갑자기 하악질을 합니다. 놀고 싶다는 걸까요? 고양이는 꼬리로도 기분을 나타냅니다. 꼬리를 세우거나 동그랗게 말고 있으면 기분 좋다는 뜻이죠. 꼬리가 내려가거나 뻣뻣하면 불안하다는 겁니다. 저랑 친구가 세 마리에게 목도리를 떠서 둘러 주었어요. 따뜻해 보여요. 그리고 팻 카페 사장님이 간식을 주신다고 했습니다. 맛있게 먹고 가는 양이들~. 굿밤되기를 바랍니다. (안산동 길냥이 보호대 림, O경, O희)

'무엇을 어떻게 바꿀까요?' 활동은 대부분 영상과 사진 그리고 글로 시작하고 결과를 남겼다. 세상을 움직이는 디지털 미디어의 힘을 경험했다. Z세대인 아이들은 디지털 환경에서 나와 타인의 권리를 알고 존중하는 경험을 쌓아 간다. 인간뿐 아니라 비인간의 경계를 허물고 소외되는 사람은 없는지 살피며 따뜻한 디지털 세상, 정다운 이웃으로 살아갈 것이다.

교육 실습을
시작하며

기다리고 기다리던 일이 드디어 일어났다.

"1층에 왔어요. 2층 4학년 교실 앞이요, 드디어 계단! 왔어요, 왔어."

교생 선생님 발걸음이 실시간으로 중계되었다. 환하게 웃으며 들어오는 선생님을 보며 아이들은 지금까지 단 한 번도 보여 준 적 없는 미소와 다정한 눈빛을 발사했다.(특히 여자 친구들!!!) 내가 계속 부럽다, 좋겠다를 연발하니 아이들이 괜찮다며, '여신 은경샘'으로 불러 주겠다고 했다. 태어나서 처음 여신이 되었다. 모두 교생샘 덕분이다.

"안녕하세요? 저는 경O교대 3학년 김OO 교생 선생님입니다. 앞으로 3주간 여러분과 함께 지냅니다. 잘 부탁드립니다."

인사가 끝나자 아이들 질문이 쏟아졌다. 별명이 뭐냐? 나이는, 고향은, 뭘 좋아하나, 노래는, 게임은, 여자 친구 있냐까지. 갑자기 참새 방앗간이 되었다.

"지금 다 이야기하기는 어려우니 천천히 알아가도록 해요."

"교생 선생님, 여기가 샘 자리예요."

OO이가 선생님을 자리로 데려갔다. '교생 선생님 의자'라는 이름표도 떡하니 붙여 놓았다. 교실이 달라졌다. 뭔가 오묘하고 생기 넘치는 기운이 무지개처럼 드리웠다.

코로나 이전에도 우리 학교는 교육 실습 학교를 운영하였다. 좋은 교사가 행복한 교육의 바탕이 된다는 걸 알기 때문이다. 하지만 교육 실습 협력 학교 운영을 적극적으로 환영하는 분위기는 아니었다. 실습 학교 운영에 대한 노력이나 예산이 너무 부족하기 때문이다. 예비교사의 성장을 돌보는 교대 교수진과의 협력도, 예비교사를 위한 실습 프로그램도 거의 없거나 부실하다. 무엇보다 교실을 개방하여 수업은 물론 교육 활동 전반을 함께 연구하고 실천하는 협력적 관계 맺음이 쉽지 않다. 그래서 우리 학교는 한 학년에 한 명의 예비교사를 받아 학년 전체가 도움을 주는 방법을 택하였다. 교육 실습 운영을 담당한 선생님과 전문적 학습공동체를 운영하며 예비교사를 환대하는 문화를 만들어 나갔다. 혁신 교육과 민주적인 학교 문화를 소개하는 자료, 학년별 교육과정, 실제 수업을 위한 교재를 준비하였다. 교생 실습 기간 동안 예비교사들은 수업 참관도 하고 자신의 수업을 공개하며 전문성을 쌓아 간다. 이 시간을 통해 예비교사는 물론 현장에 있는 교사도 함께 성장하는 시간이 되도록 한다.

지난 금요일 우리 학교로 배정받은 선생님들의 이름과 환영의 글을 1층 현관에 붙이자 아이들도 관심을 가지고 기다리는 눈치였다.

교생 선생님이 온 다음 날부터 이상한 일이 벌어졌다. 매일 늦게 오던 아이들이 일찍 오기 시작했다. 교문에서 교생 선생님을 기다리다 발을 맞추어 교실까지 온다. 교생 선생님이 있어 수업도 더 재미있다. 아이들이 교생 선생님 별명도 지었다. '살구샘'. 의자 이름도 덩달아 바뀌었다. '살구샘 의자'.

"멋있는 아이들이 많이 보입니다. 활기가 느껴져요. 아이들이 주도하고 계획하는 활동이니까 다들 열심히 하네요. 재미있어요. 온작품 읽기는 독특해요. 더 알고 싶습니다."

하루 만에 아이들 마음을 다 가져간 교생 선생님이 밝은 눈으로 아이들을 본다. 흐뭇했다. 지금 읽고 있는 역사동화 『초정리 편지』[*]에 대한 수업 목표와 활동을 소개했다. 내일 할 10~11장을 읽고 핵심 질문 만들기를 했다.

다음 날 살구샘은 우리 수업에 녹아들었다. '초아들'(『초정리 편지』 읽기를 준비하는 아이들)이 역할을 고르라고 해서 주인공 '장운이'를 맡아 읽으니 더 생생한 느낌이다. 선생님의 힘차고 매끈한 목소리에 실린 이야기는 우리의 귀를 열리게 했다. 귀가 열리니 생각이 활발해지고 질문도 많아졌다. 수학과 사회 그리고 미술에 관심이 많은 샘은 지금 우리 반이 하는 '이야기가 있는 수학 공부, 온작품 읽기로 여는 민주시민 교육'에서 힌트를 얻어 자기만의 수업을 기획했다.

"교과서에 나오는 내용이 아니라 아이들이 직접 경험한 것을 수업으로 활용하고 싶습니다."

[*] 『초정리 편지』(배유안 글, 홍선주 그림, 창비, 2013).

교생 선생님의 고민이 내 고민이다. 살아 있는 경험과 지식, 직접 해결하고 소통할 수 있는 능력을 기를 수 있는 수업을 계획하고 실행할 것이다. 수학에서 소수를 다루는 수업을 해 보고 싶다는 선생님. 쿠키 만들기에서 무게와 부피를 소수로 활용할 때 사진을 활용하기로 했다.

중간활동이나 점심시간에도 교생 선생님 주위는 아이들로 북적거린다. 아이들과 몸으로 놀면서 자연스럽게 가까워졌다. 체육 수업과 다른 자유로운 놀이가 아이들 마음을 말랑말랑하게 한다. 상처받거나 상처를 준 일도 사라지게 하고 공감하고 소통하게 한다. 아이들과 땀 흘리며 놀았던 때가 언제였지. 고구마 캔 후가 마지막이다. 반성이 필요하다. 더 놀란 것은 샘이 찍은 아이들 사진이다.

아이들이 달라 보인다. 생각하는 표정, 놀라는 얼굴, 활짝 펼친 몸, 멋진 순간을 잡아낸 사진을 보니 예술의 힘을 느낄 수 있었다. 우리 학교를 찍은 사진도 좋았다. 빈 가지의 버즘나무, 수리산 취암봉의 날렵함, 학교 담장, 운동장, 계단에 선 아이들, 푸른 하늘의 까마귀 떼까지.

다가오는 개교기념일에 '121살 된 우리 학교, 내가 좋아하는 우리 학교'를 사진으로 표현하기로 했다. 물론 살구샘의 사진이 길잡이가 되겠다.

세상을 다르게 볼 수 있는 새로운 눈을 갖게 한 선생님. 교생 선생님과 아이들이 만들어 내는 활기는 온 우주가 보낸 선물이다.

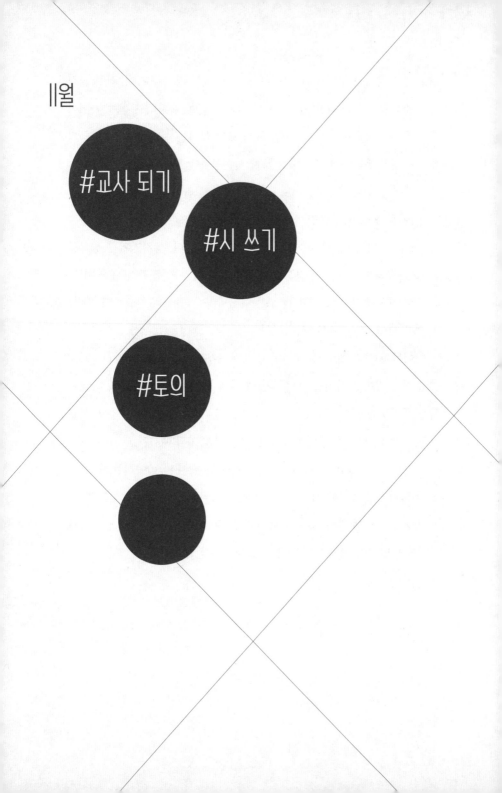

11월

#교사 되기

#시 쓰기

#토의

민주적인 학교 문화는 멀리 있지 않다. 교실 문제는
교실 구성원인 아이들과 함께 결정하고, 학교
문제는 학교 구성원 전체의 의견을 1/n로 녹여
결정하면 된다. 그러자면 교사가 여유 있게 생활할
수 있어야 한다. 공문이나 잡무에 치이지 않아야
한다. 천천히 섬세하게 아이를 볼 수 있어야 한다.
또 하나, 어떤 논쟁이 일어나면 이를 피하지 않고
논쟁적인 주제를 수업으로 삶에서 풀어 내는
민감성과 당당함이 있어야겠다. 이 모든 성장은
개인의 능력만으로 되지 않는다. 사회와 학교가
그 문화와 시스템을 만들어 가야 하고 합의를
만드는 자리에 당사자인 교사와 학생, 학부모가 꼭
참여해야 할 것이다.

교사의
성장을 위한
질문

쌀쌀해진 날씨. 사라진 가을을 아쉬워하며 주말 이야기 나누기를 했다. 클래스팅에 다양한 경험들이 올라왔고 친구들의 글에 답글도 달면서 안부를 물었다.

국어 수업으로 『초정리 편지』 마지막 장을 읽는 날이다. 다목적실에서 했다. 준비를 맡은 아이들이 책상과 의자를 미리 옮겨 두었다. 역할을 정해서 읽는데 이번에는 감정을 잡아 대사를 읽는 것처럼 해 보았다.

친구들 목소리가 잘 들리니까 집중하는 힘이 늘었다. 100쪽 넘는 책을 읽었다는 뿌듯함이 느껴졌다. 양반들이 한글을 반대한 이유가 선명하게 느껴졌다. 글자를 아는 것이 모두의 권리를 지키는 일인 것을 알게 되었다. 세종대왕이 인권 운동가라는 아이가 있어 모두 동의했다.

점심시간, 교생 선생님과 아이들이 운동장에서 플라잉 디스크를 했다. 보기 좋았다. 나도 가서 몇 번 던졌는데 가슴이 시원했다.

드디어 '수학 배틀' 시간. '여신 은경쌤'과 '대세 살구쌤'의 맞대결이다. 두 교사가 각각 3모둠씩 맡고 아이들은 빠르고 정확하게 풀고 설명할 수 있어야 한다. 협동해서 정확하게 문제를 풀고 설명할 수 있는 편이 달달구리를 가져가기로 했다. 시작과 동시에 아이들은 서로 이야기하면서 문제를 풀었다. 질문하면 두 교사가 돌아가며 가르치고 알려 주었다. 두 명의 교사가 3~4명씩 맡아서 하니 아이들의 학습 속도와 이해가 빠르고 정확했다. 선대칭은 쉽게 풀고 이해했다. 두 번째 미션은 점대칭도형의 성질을 이해하는 것이다.

'살구쌤이 채점해 주셨는데 다 맞았어요, 살구쌤이 알려줘서 더 재미있어요, 살구쌤 짱! 수학 만점왕 살구쌤'을 외치는 아이들. 오늘 배운 것과 새롭게 알게 된 점을 배움 공책에 쓰기로 정리했다.

-잘 그리는 것보다 점대칭도형에서 대응변의 길이가 같다는 점을 이해하고 문제를 해결하는 것이 중요하다.
-묻고 대답하면서 문제를 자세히 이해하게 된다. 도형의 문제도 그렇다.
-도형을 못했는데 점대칭과 선대칭도형은 잘 알게 되었다. 기분이 좋다.

수행평가도 자신감을 가지고 하는 아이들. 이번 배틀은 100퍼센트 성공이었다. 찐 감자와 초코 달달구리를 놓고 경쟁하며, 수행평가를 잘 마쳤다.

오후에 교생 선생님들과 만남이 있었다. '삶을 가꾸는 온작품 읽기-민주시민교육과 어떻게 만날까'가 이야기 주제다. 교생 선생님 다섯 분은 우리 교실에서, 관심 있는 샘들은 줌으로 참석했다. 온작품 읽기의 의미, 온작품 읽기를 위한 환경 만들기, 주제중심 교과통합 온작품 읽기 사례를 나누었다.

그림책 『착한 어린이 대상! 제제벨』(토니 로스), 『꽃을 선물할게』(강경수), 동화 『목기린 씨, 타세요!』(이은정) 세 권을 함께 읽고 생각을 말하고 수업을 구성해 보았다.

"그림책을 읽은 것은 처음입니다. 아이들에게 읽어 줄 수 있는 용기가 생깁니다."

"1학년 교실에서 그림책 수업을 한 적이 있습니다. 삶으로 연결해서 활동하는 건 처음 알게 되었습니다."

"저도 책을 자세히 읽고 즐기는 것과 아이들의 삶을 연결하는 것을 배웠습니다. 꼭 해 보고 싶습니다."

우리는 좀 더 알고 싶은 것에 집중해서 이야기를 이어 나갔다.

-느낌을 나누는 것도 중요하다. 핵심 주제 찾기와 주제를 찾기 위한 질문은 어떻게 만들 수 있을까?

-논쟁적인 문제를 다뤄 보고 싶다. 아이들이 자율적으로 참여하는 수업과 그런 주제를 가진 책은 어떻게 고를 수 있나?

-이런 수업은 혼자 구상하기 어려울 것 같다. 선생님은 어떻게 이런 수업을 하게 되었고 할 수 있는 비결은 무엇인가?

-왜 온작품 읽기를 하나?

-좋은 교사가 되기 위해 무엇을 먼저 해야 할까?

182

질문의 시작과 끝은 '나는 어떤 교사로 살고 싶은가?', '어떻게 하면 좋은 교사가 될 수 있나?'였다.

"일단 내가 좋아해야 합니다. 저는 동화와 동시, 이야기를 좋아합니다. 아이들과 함께 읽고 수업을 하면 더 많은 것을 알게 됩니다. 그러기 위해서는 많이 읽고 쓰는 것이 중요합니다. 혼자서 힘들면 모임을 찾고 공동체 안에서 민주적인 문화를 경험하는 것이 중요합니다. 먼저 실천한 분들의 경험과 조언을 두루 살펴보세요."

내 답변을 듣고 옆 반 선생님이 말을 덧붙였다.

"제가 은경샘이 쓰신 책을 소개할게요. 다른 교생 선생님들도 보시면 도움이 되실 겁니다."

서로 격려하며 훈훈하게 마쳤다. 곧 동료가 될 선생님들을 보며 이런 상상을 했다. 교사와 교생이 한 해를 같이 보내면 어떨까. 의사가 되기 위해 인턴과 레지던트 과정을 거치듯이 교사도 수습 과정이 필요하다. 2급 정교사 발령과 동시에 나 홀로 한 학급을 책임지게 하는 일, 학교 업무를 바로 맡기는 일 모두가 강제이며 폭력일 수 있다. 아이들 성장의 기본인 우수한 교원 양성을 위한 정책적 노력이 요구된다. 세계적 관심을 받는 'K-교육'은 교사가 민주적인 학교 문화를 경험하고 민주시민으로 성장을 경험하는 시스템 만들기가 먼저다. 단기간 실습이 아니라 일정 기간 현장의 문화와 교사의 삶을 온전히 느낄 수 있는 기다림과 여유가 필요하다. 그래서 교생 선생님과 만남이 더없이 귀하다.

'민주주의가
이렇게
자라는군요'

학급 회의를 했다. 2주간 같은 모둠으로 활동한 소감을 이야기했다. OO이가 잘 도와주어서 기뻤다, 사회를 봤는데 친구들이 모두 이야기를 잘 들어주었다, 수학 활동지 할 때 OO이가 모르는 걸 친절하게 가르쳐 주었다 등.

그런데 규칙을 지키지 않은 두 모둠이 있었다. 친한 친구끼리 앉아서 시끄럽게 떠들어 공부에 집중이 되지 않았다, 뽑힌 번호대로 앉아야 하는데 순서를 바꾸어 앉았다. 문제 제기에 대한 의견을 나누었다. 규칙을 적용해서 자리를 다시 바꿀 것인지 아니면 지금 그대로 앉되 노력할 점을 찾아서 할 것인지 두 가지 중 하나를 선택하기로 했다. 아이들은 나중 것을 선택했다. 지켜야 할 점을 이야기했고 모두가 합의해서 잘 이해되었다. 다음은 학급 소리함에 올라온 문제다.

안녕하세요? 제가 한 가지 문제를 말씀드리겠습니다. OO이가 코스크나 턱스크로 마스크를 쓸 때가 있습니다. 또 OO이가 급식 시간에 마스크를 벗고 계속 말을 하며 밥을 먹습니다. 조심해 주면 좋겠습니다.

OO이 이야기를 들어 봤다. '아토피가 있어서 계속 쓰면 귀가 아프다, 피가 날 때도 있다, 급식 시간 되면 다 말한다.' 둘 다 억울하다는 이야기였다. 저마다 다르게 개인 사정이 있어 결정하기 어렵다. 언제부터 마스크를 썼는지, 마스크를 쓰면서 달라진 게 뭔지 알아보았다. 코로나 이전에도 마스크를 썼고 그때는 써도 되고 안 써도 된다는 걸 찾아냈다. 그렇다면 지금 달라진 것은 무엇인가.

O준이가 문제의 핵심을 알아챘다. O준이가 위드-코로나에 대해 자세히 설명했고, 코로나가 지나면 마스크 쓰는 규칙도 바뀔 수 있다고 했다. 그래서 우리 반 마스크 쓰기 규칙도 우리가 정하자는 의견이 나왔다. 그런데 규칙을 정해도 안 지키면 끝이다. 마스크에 관해서는 페널티를 주어야 한다는 생각이 강했다. 세 번 경고를 받고도 지키지 않으면 아웃이다. 아웃 되면 어떻게 할지 그걸 누가 정할지 고민했다. 일단 세 번 이후 아웃되는 사람이 생기면 그때 다시 결정하자고 했다.

자리 배치는 문제를 일으킨 당사자의 노력과 다른 아이들의 이해로 잘 마무리되었다. 마스크 쓰기는 굉장히 논쟁적인 과제다. 건강과 안전에 예민한 아이들은 친구의 행동을 호감이나 비호감이 아니라 비도덕적이고 불쾌하게 느끼고 있다. 불편한 감정을 솔직하게 말하고 같이 해결해 가는 것이 중요하다. '마스크'가 감기나 황사 때 사용하는 예방 기구였다면 이제는 '도덕' 혹은 '지침'이 되었기 때문이다. 그런데 마스크 규칙을 안 지킬 때 주는 페널티로 말싸움하는 아이들을 보며 답답하다는 생각을 했다.

"논제를 다시 정합시다. 마스크를 바로 써야 할 이유와 바로 쓰는 방법은 무엇일까? 이렇게. 그리고 두 가지 문제에 대해 한 사람씩 돌아가며 다 이야기합시다."

아이들이 한 말을 모두 칠판에 적었다. 아이들은 자기 말이 적히는 순간 대화와 토의 자세로 바뀐다. 공적인 말하기의 무게를 느끼기 때문이다. 공통으로 나오는 말을 규칙으로 정했다. 그리고 '마스크 사용설명서'를 만들었다.

> 1. 편한 마스크 사용하기
>   - 코 지지대 없는 마스크
>   - 귀가 편안하고 부드러운 마스크
>   - 얼굴 모양과 크기를 생각하는 입체형 마스크
>   - 귀여운 그림, 옷 색깔과 깔맞춤 마스크
> 2. 교실에서는 급식 시간 외에 마스크 쓰기 (힘들면 운동장 한 바퀴)
> 3. 마스크에 문제가 생기면 바로 공용 마스크 사용
> ※ 마스크 벗는 그날까지 잘 지킨다.

우리 반이 달라졌다. 문제는 늘 생기지만, 이해하고 해결하는 힘이 자랐다. 우선 다른 친구의 입장을 자세히 듣고, 내 생각도 솔직하게 말했다. 이유가 인정되면, 하고 싶은 마음이 생기는 쪽으로 정하고 있다. 이런 변화는 어디서 올까? 아이들 마음에 여유가 생긴 까닭이다. '내 생각도 맞

고 네 생각도 맞다', '다른 것은 아름답다', '특별하지 않지만 다 소중하다', 이런 마음들이 자랐다. 함께 살아온 봄과 여름의 시간이 가볍지 않았다. 또 하나, 어린이 시민으로 갈등을 해결하는 방법을 익히고 실천했다. 무수히 많은 질문과 대립을 피하지 않고 갈등과 화해를 체험하며 우리가 정한 것을 지켜 나가는 삶의 아름다움을 느낀 까닭이다.

"사회 지식보다 민주주의를 먼저 배우고 있다는 걸 느낍니다. 작은 문제도 합의하고 당사자의 이야기를 자세히 들어 주는 아이들 모습이 감동입니다. 규칙이나 규율보다 합의를 선택하는 과정을 배웠습니다. 민주주의가 이렇게 자라는군요."

수업을 참관한 교생 선생님의 한 마디가 힘이 되고 바늘이 되는 순간이다.

민주적인 학교 문화는 멀리 있지 않다. 교실 문제는 교실 구성원인 아이들과 함께 결정하고, 학교 문제는 학교 구성원 전체의 의견을 1/n로 녹여 결정하면 된다. 그러자면 교사가 여유 있게 생활할 수 있어야 한다. 공문이나 잡무에 치이지 않아야 한다. 천천히 섬세하게 아이를 볼 수 있어야 한다. 또 하나, 어떤 논쟁이 일어나면 이를 피하지 않고 논쟁적인 주제를 수업으로 삶에서 풀어 내는 민감성과 당당함이 있어야겠다. 이 모든 성장은 개인의 능력만으로 되지 않는다. 사회와 학교가 문화와 시스템을 만들어 가야 하고 합의를 만드는 자리에 당사자인 교사와 학생, 학부모가 꼭 참여해야 할 것이다.

나는 학교시민교육 전국네트워크 초등국어교과 모임에 참여하고 있다. 전문적인 연구와 실천을 바탕으로 현장 교사의 경험과 아이들의 삶이 담긴 교육과정을 만들기 위해서다. 교육이 세상을 바꾸고 밝고 신나는 미래를 만들 수 있다고 믿기 때문이다. 교생 선생님의 '민주주의가 이렇게 자라는군요'라는 빛나는 말을 가슴에 꼭 품는다.

함께 만드는
'교사 되기'의
꿈

오늘은 교생 선생님과 함께하는 마지막 날이다. 그동안 교생 선생님께 배운 것이 참 많다. 특히 인상적인 것은 협동화 그리기였다. 예술을 통해 연대와 협력의 아름다움을 경험하는 것이 수업 목적이다. 점묘화 기법도 익히고 작은 그림 하나가 모이고 모여 커다란 풍경을 이루는 걸 느끼게 해주었다. 단풍을 디자인해서 가을 풍경을 만들었다. 아이들은 자기가 맡은 부분에 어울리는 색을 정하고 무수히 많은 점을 찍었다. 점점 진하게 혹은 점점 엷어진 부분은 밝은 색감을 사용했다. 완성된 조각을 이어 벽에 붙였더니 큰 벽화 한 점이 탄생했다. 복도가 환해졌다. 기념사진을 찍으며 추억을 남겼다.

지난 10월 마지막 주에 와서 11월 한 달을 함께하고 떠나는 선생님. 우리는 며칠 전부터 이별을 슬퍼했다. 칠판은 아쉬움과 애틋한 마음으로 가득하다.

'너무 아쉬워요, 선생님이 가지 말았으면 좋겠어요, 샘이 가신다니 맘이 넘 아파요, 만나는 것보다 헤어지는 게 더 힘들어요, 우리 언제 다시 만나요?, 다시 와요, 살구샘.'

아침 활동으로 편지도 쓰고 영상도 만들었다. 몰래 하려고 했는데, 아이들이 미주알고주알 다 불어 버렸다. 살구샘도 뭔가 준비하는 눈치였다.

사실 우리는 마지막 날을 어떻게 보낼까 고민했다. 만남과 헤어짐을 충분히 느낄 수 있는 시간으로 만들고 싶었다. 학교 가까이 있는 공원으로 갔다. 가면서 아이들의 길 안내를 받았다. '여기는 사탕 팔던 가게가 있던 곳, 다섯 살까지 살았던 반지하 빌라, 여기는 고모네 집, 텃밭 가는 길, 송이네 닭장 가는 길, 친구와 놀던 곳, 큰 개가 살았는데 작년에 죽었다, 가끔 짖어서 무서웠는데 지금은 조용해서 다닐 때 이상하다' 등등. 아이들은 삶의 기억으로 동네 곳곳을 소개했다. 매일 걷는 안산동이 더 정겹다. 사진을 찍는데 서로 살구샘 곁에 앉겠다고 난리였다.

무궁화 꽃이 피었습니다, 신발 멀리 던지기, 얼음 땡. 단골 놀이로 몸을 풀었다. 아이들은 지치지도 않고 거침없이 뛰고 놀았다. 가면 술래잡기와 4명, 8명 술래잡기를 하고 '그대로 멈춰라'까지. 10시 30분이 훌쩍 지날 때까지 놀았다. 교실로 와서 작별식을 했다. 그동안 느낀 점이나 가장 기억에 남는 점을 편지로 썼다.

 -교생 선생님과 같이 이야기하고 놀았던 시간이 다 좋아요.
 -선생님이 카메라 들고 와서 사진을 같이 찍고 놀았던 게 좋아요.
 -같이 둘러앉아서 함께 공부했던 것이 기억에 남아요.

-3주 동안 같이해서 재미있었고 너무 좋았어요.

-교생 선생님이 진짜 선생님이 되고 저는 대학생이 되어 만나요.

-제 꿈도 선생님인데 교생이 돼서 선생님이 있는 학교에 가고 싶어요.

-뭔가 우리 반에 하고 싶은 마음이 차고 넘치는 걸 느꼈습니다.

-교생 샘이 오는 순간 우리 반 교실이 부풀어 오르는 우주 같았어요. 신비하고 이상한 기운이 가득했죠.

-작별이 아니고 다시 만나기를 꼭 바라요.

-가지 마세요, 샘. 아까 놀았던 것처럼 꼭 다시 놀러 오세요.

마지막으로 아이들이 준비한 영상을 보며 함께했던 시간 속 이야기를 다시 떠올렸다.

"너무도 고맙습니다. 선생님은 이제 22살이에요. 그동안 지낸 22번의 가을 중 이번 가을이 가장 풍성하고 아름답고 넉넉한 시간이었어요. 모두 여러분과 은경샘 덕분입니다. 잊지 못할 거예요."

선생님의 작별 인사를 받고 크게 손뼉 쳤다. 준비한 선물도 하나씩 받았다. 아이들 몇몇이 선물을 준비해서 더없이 흐뭇했다. 점심을 먹고 교실 정리를 한 후 아이들은 체육 수업이 있는 강당으로 가기 전 마지막 인사를 나누었다. 교생 선생님은 마지막 인사를 하고도 교실을 떠나지 못하는 아이들을 강당까지 배웅했다. 체육 수업을 마치고 다시 온 아이들이 물었다.

"살구샘 갔어요?"

"살구샘 보러 다시 왔어요. 진짜 갈게요. 응원할게요. 꼭 다시 봐요!"

애틋하다. 교실을 정리한 후 오후엔 수료식을 했다. 함께한 담임들과 주변 선생님들이 모여 축하와 덕담을 주고받았다. 학교에서는 상장과 작은 액자 그리고 자료를 드렸다. 6학년 1반 교생 선생님은 울어서 빨갛게 된 눈으로 또 눈물을 흘렸다.

"아이들이 너무 착해요. 선생님들 감사합니다."

"많이 배우고 또 큰 사랑을 받고 갑니다. 그동안 좋은 교사가 될 자신이 없었는데 샘들이 가르쳐 주신 배움을 꼭 실천하도록 할게요."

"안산초를 잊지 못할 것 같습니다. 3주 동안 정말 우리 반처럼 느꼈고, 깊은 정이 쌓였습니다."

"처음처럼 이 마음을 꼭 간직할게요."

"아이들에게 배운다는 걸 가르쳐 주신 선생님들 고맙습니다."

'깨끗하고 환하고 뽀얀' 다섯 교생 선생님들의 이야기를 들으며 교사 전문성의 핵심이 무엇인지 다시 묻게 된다. 예비교사와 함께 수업을 설계하고 실행하는 과정은 나를 만나는 시간이었다. 나는 어떤 관점을 가지고 있으며, 교육과정, 교과 내용과 학습자에 대해 무엇을 알고 있는지, 나의 강점과 약점은 무엇인지 파악하게 되었다. 이를테면 주제 중심 교과통합을 바탕으로 민주시민 프로젝트 수업을 설계하고 실행하며 실천을 기록하고 비평하는 능력을 갖추고 있다. 아이들의 말과 글을 통해 질문을 만들고 교수 내용 지식과 삶을 연결할 줄 안다. 하지만 미시적인 관점에서 수업의 목표와 의도를 살펴 단위 시간에 학습자에게 의미 있는 배움이 일어나게 하는 수업의 완성도는 여전히 노력할 지점이다. 예비교사와 수업을 공유하고 수업 대화를 분석하고 비평하면서 수업 소통 능력을 좀 더 키워

야겠다는 생각이 들었다. 수업 전문성 신장은 관례적인 수업 실천을 넘어서 훈련과 분석, 연습과 연구의 메타적 사고와 성찰의 과정을 반드시 거쳐야 한다. 그런 과정이 꾸준히 반복될 수 있기 위한 개인의 노력과 교사가 온전히 수업에 집중할 수 있는 교육환경을 만들기 위한 공동체의 협력은 필수조건이다. 나에게 교육 실습은 새로운 것을 탐색하고 실험하며 끊임없이 변화하고 창조하는 데 주저하지 않는 '교사 되기'*의 시작이었다. 매일 아침, "안녕하세요?" 하고 인사를 건네며 문을 열고 오던 살구샘의 환한 웃음이 벌써 그립다.

---

* 『한국의 교사와 교사 되기』(이혁규, 교육공동체벗, 2021) 참고.

첫눈
오는
날

눈이 내렸다. 첫눈이다.

눈을 맞고 온 아이들이 첫눈 오면 살구샘이 오기로 약속했다며 소원을 빌자고 했다. 모두 창문에 붙어서 소원을 빌었다. 띠링! 문자가 왔다.

'샘, 첫눈 오는 날 간다고 했는데 눈이 와 버렸네요. 이따 오후에 잠시 들를게요. 괜찮을까요?'

점심시간이 될 때까지 어떻게 수업했는지 모르겠다. 몇몇 아이들은 쉬는 시간마다 교문 앞까지 달려갔다 왔다. 지극정성이다. 급식을 시작할 때 교생샘이 왔다. 선생님을 둘러싼 아이들은 미주알고주알 그동안 있었던 일을 죄다 이야기했다. 겨울 방학식 하는 날 또 보자고 약속했다. 다른 일정이 있어서 가려고 하자 아쉬운 아이들은 주차장까지 가서 배웅하고 왔다. 덕분에 오후 수업을 하기 힘들었다.

'첫눈', '첫사랑', '첫봄'을 쓰고 경험을 이야기했다. 첫사랑 얘기를 해

달라는 아이들 눈이 반짝거린다.

"첫사랑은 초등학교 6학년 때 같은……."

여기까지 말했는데 짝꿍이었다느니, 학교에서 연앨 했다느니, 말이 많았다. 아쉽게도 같은 학원 친구였다고 말해 주었다. 우리 반에도 첫사랑이 6학년인데 같은 학원 다니는 오빠를 좋아하는 아이가 있다고 했다. "혹시 우리 옆 6학년 3반이야?" 물었더니 귀까지 빨개졌다.

아이들에게 말하는 순간, 오래전 기억이 방금 돋아난 새잎처럼 생생하게 느껴졌다. 2탄은 다음 시간에 듣기로 하고 글쓰기를 했다.

시를 쓰고 싶은 아이들은 시를 쓰고, 필사하고 싶은 아이는 시집을 읽었다. 우리 반 아이들이 제일 좋아하는 시집은 전국초등국어교과모임에서 엮은 어린이시집 '시 놀이터 시리즈' 10권이다. 어른이 쓴 동시보다 아이들 시가 더 좋다고 했다. 『나도 예쁜 꽃이 되고 싶다』를 아주 애정한다. 전국초등국어교과 안산모임 '잎싹' 선생님들이 안산, 수원, 화성 지역 어린이들과 함께 생활하며 쓴 어린이시 중 함께 읽고 나누고 싶은 시 일부를 가려 엮은 시집이다. 같은 안산 아이들이 쓴 시라 잘 읽힌다고 했다.

쓴 시는 서로 읽어 주고 들으며 느낌과 생각을 나누었다. 이렇게 쓴 시를 모아 학급문집을 만들 계획이다. 문집 이름도 벌써 지어 두었다. '민들레 꽃 필 무렵'.

운동장에 내린 눈이 거의 녹았다. 집 가는 길이 미끄러울 수 있으니 조심하라고 당부했다.

방과 후에 '11월의 아이들'이 남아 동시집을 읽고 시 쓰기를 했다. '11월의 아이들'은 '시아들'(시를 골라주는 아이들)과 '그시들'(그냥 시를 좋아하는 아이들)이 모여 수다를 떨다 이름을 붙인 동아리다. 일주일에 한두 번 시를 골라 읽고 시를 쓰고 합평을 한다. 오늘 쓴 시를 칠판에 쓰고 같이 보았다.

첫눈 오는 날
김○○

밖에 눈 와요
창밖을 보던 아이가 외쳤다.
진짜?
선생님이 놀란 눈치다.
아이들이 하나둘씩 운동장으로 나갔다.
잠시 후

5 ~
4 ~
3 ~
2 ~
1 ~
땡!

공포의 카운트 발사
모두 교실로 뛰었다.

해설 : 첫눈 오는 날 운동장 나갔다가 샘이 카운트해서 교실로 들어왔다. 이날 연극 수업 때 펑펑 울었다.

보고 싶다
문OO

보고 싶다
누군지 모르지만
보고 싶다

갸름한 얼굴에
작은 눈
오똑한 코
촉촉한 입술

보고 싶다
누군지 모르지만
보고 싶다

해설 : 모솔이 남친을 보고 싶어 하는 마음을 담은 시.

시 쓰는 아이들

임○○

11월의 아이들이 모였다
오늘은 뭐 할까?
"음, 시가 쓰고 싶은데."
혼잣말을 했다.
"어, 그래?"
"나도 시가 쓰고 싶다."
"나도, 나도."
"모두 시를 쓰자."
그래서 나는 지금 시를 쓴다.

해설 : '11월의 아이들'은 우리 반에서 은경샘과 같이하는 오후 활동이다. 시
도 읽고 시를 쓰고 간식도 먹고 잘 노는 거다.

비 오는 날

김○○

학교 가려고 집을 나왔다
앗! 비가 오네?
다시 집으로 올라가

우산을 가져오니
비가 그치고 햇빛이 어리네

하! 내 인생
하지만 부침개가
먹고 싶은 건 여전하다.

해설 : 비가 오는 날 있었던 이야기다. 부침개는 그냥 먹고 싶은 건가?

눈 날개
최은경

첫눈 내린 날
교생 선생님과 나는

와 와 와!
와 와 와!

긴 팔로 날개를 그리고
나도 따라 그렸지

푸 드 득 푸 드 득

파 다 닥 파 다 닥

큰 날개가 하늘 높이 날고
작은 날개도 힘껏 날았지

눈이 오면 또 놀자고
나란히
손을 흔들었어

해설 : 첫눈이 내리고 교생 선생님이 오니 새 이야기도 왔다.

아이들과 함께 시를 쓰고 읽고 다시 고쳐 쓰기를 했다. 시를 쓰지 않는
아이들은 친구들의 시를 읽고 별점도 주었다. 도화지에 옮겨 쓰고 어울리
는 그림도 그렸다. 내일이면 모두가 시의 독자가 되겠지. 어떤 감상평이
올라올지 궁금하다.

우리는 시를 읽고 쓰면서 일상에서 부서졌던 마음과 아쉬움을 상상과
공감으로 따뜻하게 채워 가는 중이다.

12월

#연극수업

#역사

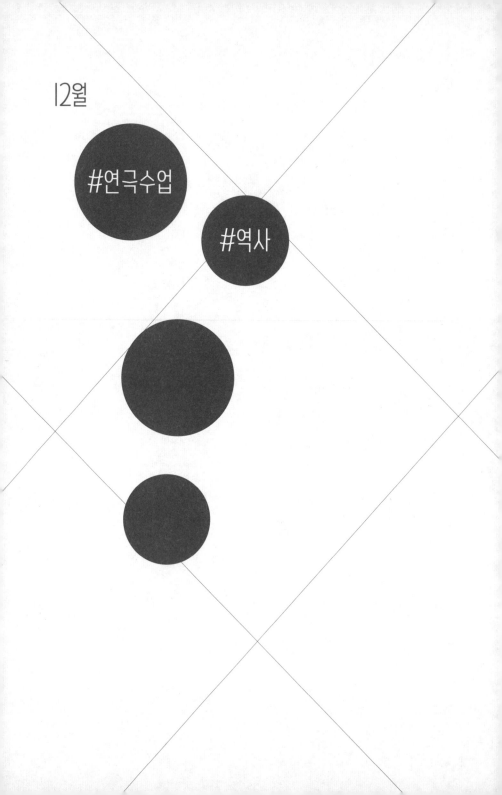

한 해 동안 우리 아이들은 잘 컸다. 2학년
동생들에게 친절하게 설명하고 기쁘게 놀아 줄
수 있을 만큼 마음이 넓어졌다. 6학년 선배를 보며
나도 6학년이 되면 저렇게 해야지 하는 마음을
가지게 되니 얼마나 좋은가. 뭔가 하고 싶은 마음이
생기게 하는 것. 마음의 북소리를 따라 걸어가게
하는 것. 그것만큼 좋은 일은 없을 것이다.

너의
이야기를
들어 줄게

극단 '동네풍경'과 함께 연극 수업을 했다.

- 자신의 감정을 잘 표현하기
- 타인에 대한 이해와 공감력 키우기
- 타인을 배려하는 태도와 실천

세 가지 목표는 서로 연결되어 있다. 첫 번째 연극 수업은 '남이 보는 나, 내가 생각하는 나'를 그림으로 그린 후 소개하기다.

-다른 사람들은 내가 웃음이 많다고 하고 잘 웃고 다크 서클이 많다고 해. 하지만 나는 그렇지 않아 난 웃음이 없어. 난 의욕이 없어.
-남이 생각하는 나는 유쾌하다, 재미있다고 하지만 내가 생각하는 나

는 화가 날 때가 있고 그때마다 속으로 참고 있어.

-남들은 내게 돼지XX, 넌 뚱뚱해, 못생겼어, 존X 못하네 하지만 난 항상 밝아! 난 재밌어, 하지만 항상 슬퍼. 아니야, 난 뚱뚱한 게 아니고 통통해. 난 웃음이 많지 않아.

-다른 사람들이 생각하는 나, 몸매 좋다고 쳐다보는 아저씨들, 너 일진 같아, 관종이야, 미X년, 미X새X, 내가 생각하는 나는 좀 예쁨, 나 좀 귀여움, 아저씨들 변X 같아. 왜 남의 몸매를 가지고 말하지? 군이 어린 여자애한테.

이야기를 들으며 눈물이 났다. 몰랐던 자기 속마음을 털어놓은 아이들을 조용히 안아 주었다. 내 마음속 숨겨진 상처와 기억도 씻어 주는 느낌이었다.

두 번째 활동은 부정적인 감정을 용기 있게 드러내고 공감하기가 주제였다. '외로움'과 '슬픔'을 뽑았다. 연극 선생님이 자신의 '외로움'을 이야기했다. 6살 때 맞벌이 부모님을 기다리고 두 살 많은 형은 초등학생이라 학교와 학원에 가는데 자신은 혼자 방에서 그림을 그리거나 통근버스를 타고 오는 엄마를 기다렸던 기억, 그리고 혼자 있는데 아팠던 기억을 말했다. 연극 선생님의 이야기를 듣고 공감하는 말하기를 했다.

외로운 경험을 말하는 것은 용기가 필요한 일이다. 주저하는 마음을 딛고 앞으로 나온 아이들은 자신의 외롭고 슬펐던 경험을 이야기했다. 먼저 외롭던 경험이다.

-꿈에서 엄마가 다치는 꿈을 꾸었는데 실제로 엄마가 다치고 기억도 잃어버려 온 가족이 간호하며 애썼을 때, 엄마가 아이처럼 자신의 이름도 몰랐을 때 외로웠다.

-동생이 아파서 혼자 할아버지 할머니 집에 맡겨졌고 부모님이 온다고 했는데 오지 않았을 때 혼자라고 생각했다.

-아빠는 누나와 동생 말은 들어주는데 내 말은 안 들어준다. 제발 내말도 들어주면 좋겠다.

-아빠랑 엄마가 이혼했어. 하기 전에 많이 싸웠어. 그때 혼자라고 생각했고 외로웠어. 지금은 괜찮아.

-엄마가 병원에 계셔. 아빠랑 둘이 지낼 때, 혼자 있을 때가 많았고 외로웠어.

연극 선생님의 따뜻한 진행으로 용기를 낸 아이들은 부모님의 싸움과 이혼 그리고 혼자 있었던 기억들, 자살하고 싶었던 이야기도 했다.

다음엔 슬펐던 경험을 불러냈다. 너무 어릴 때 하늘나라로 가 버린 사촌 형에 대한 기억, 할아버지와 헤어진 이야기, 무서워서 인사도 못 했던 외할아버지가 돌아가셨는데 지금 너무 미안한 마음이 든다는 이야기다. 관객 중 몇 명은 사촌 형, 할아버지, 엄마가 되어 위로의 말을 전했다.

"괜찮아, OO아. 네 잘못이 아니야. 어른이라고 현명하고 옳은 행동만 하는 건 아니란다. 어른들은 생각이 달라 싸우면 화해하기 더 힘들어서 그래. 괜찮아."

"지금 네가 형을 기억해 주는 것만으로도 하늘나라에 있는 형은 행복할 거야. 이제 미안한 마음 갖지 않아도 돼."

"엄마가 늦게 와서 미안해. 혼자 있는 네 마음을 잘 다독여 주지 못해 미안해."

"그때는 엄마도 어떻게 해야 할지 몰랐어. 싸우기만 했지, 문제를 잘 해결하지 못했어. 지금은 열심히 너를 도와줄게."

격려의 말을 들은 아이들도 답을 했다. 이야기하고 나니 후련하다, 내 이야기를 들어 주니 주인공이 된 기분이다, 할아버지를 못 본다고 하니 지금도 슬프다.

오래 묵은 혹은 잊히지 않은 외로움과 슬픔의 기억이 지금 당장 해결되지는 않겠지만, 그 기억과 일로 아이들의 마음이 더는 상처받지 않았으면 좋겠다.

"5학년 1반 친구들과 하는 수업이 제겐 무척 의미가 있습니다. 자신의 이야기를 쏟아 내는 아이들이 멋집니다. 집중해서 듣고 공감하는 말을 할 수 있는 1반 친구들과 선생님과 함께 계속 좋은 연극 수업을 하고 싶습니다."

배우이자 강사인 선생님의 이야기가 연극이 가진 힘이다.

역사를
경험하는
또 다른 방식

연극을 하며 내 감정을 말과 동작으로 표현할 수 있다. 친구의 표현을 존중하고 공감한다. 초보적인 발성과 대사 전달도 익혔다. 이제는 세상과 소통하는 연극을 접할 시간이다.

5학년에서는 역사를 배운다. 지식 습득을 넘어 역사를 마음으로 느끼고 내 삶과 연결할 고리가 필요하다.

6·25전쟁과 생명의 소중함을 다룬 그림책 『빼떼기』*로 이야기 극을 만들었다.** 아이들에게 6·25전쟁은 지나간 역사이지만 휴전 중인 우리는 여전히 갈등과 위험의 한복판에 있다. 역사는 그렇게 우리의 삶을 구성한다. 이야기극은 원작의 의미와 내용에 중점을 두고 하나의 이야기로

---

*   『빼떼기』(권정생 글, 김환영 그림, 창비, 2017).
**   『교사를 위한 어린이 연극 수업』(천효정 외, 창비, 2020) 참고.

부터 즉흥적으로 극을 만들어 모두가 연극에 참여하는 것이다. 연극 수업에서 익힌 다양한 동작과 상황을 활용하기로 했다. 배경 음악과 조명, 마이크 준비는 희망하는 아이들이 했다.

#자유롭게 상상하기 : 빼떼기 되어 보기

때는 1948년 7월입니다. 순진이 아버지가 장에서 암탉 한 마리를 사 왔는데 온몸이 새까만 토종 암탉이었습니다. 이름을 '깜둥이'라고 짓고 기르기 시작했습니다. 알을 낳고 병아리가 생겼습니다.

사고가 난 것은 저녁 무렵이었어요. 아버지가 건넌방 아궁이에 군불을 지펴 놓고 자리를 뜬 사이에, 엄마 닭이 새끼들을 데리고 아궁이 앞을 지나갔습니다. 아궁이가 따뜻한 걸 안 병아리들은 그쪽으로 쪼르르 모여들었는데, 그중 한 마리가 그만 아궁이 속으로 뛰어 들어간 것입니다.

아이들이 "아, 저런. 병아리는 어떻게 되었나요?" 안타까운 표정을 지었다.

#상황 하나 : 빼떼기에게 전하는 선물

사고가 나고 한 달이 지나자 불에 덴 병아리는 엉거주춤 서서 빼딱빼딱 걷기 시작했습니다. 이때부터 이름이 '빼떼기'가 된 것이지요. 빼떼기는 외톨이가 되어 순진이 어머니 곁에서만 맴돌았답니다. 순진이 엄마가 빼떼기의 진짜 엄마가 된 것입니다.

아이들에게 빼떼기를 만났다면 어떤 마음이 들었을지 "나는 빼떼기에게 (　) 마음이 들었습니다. 그래서 (　)을 선물하고 싶습니다. 그 이유는 (　) 때문입니다"를 예시로 주고 자유롭게 말하고 표현할 수 있도록 했다.

아이들은 측은한 마음, 안타까운 마음, 살가운 마음, 미안한 마음을 가졌다고 했다. 빼떼기 역할을 맡은 아이가 교실 앞쪽 의자에 앉았다. 한 모둠씩 나와서 자신의 마음을 동작으로 크게 표현했다. 관객은 동작을 보고 선물을 알아맞히고, 선물한 까닭도 함께 들었다. 털장갑, 목도리, 핫팩, 따뜻한 털옷, 붕어빵, 큰 이불, 용돈까지 주는 아이도 있었다. 빼떼기 역할을 맡은 아이들은 선물을 받을 때 느낌을 말했다.

"마음이 따뜻했다. 고마웠다. 나도 도와주고 싶은 마음이 들었다. 맛있었다."

#상황 둘 : 어떻게 할까?

빼떼기는 사람으로 치면 늦둥입니다. 그래도 엄마 닭과 형제들과 함께 있는 것이 즐거운 듯 오래도록 병아리처럼 "삐악삐악" 울었지요. 1950년 6월, 전쟁이 일어났습니다.

여기에서 아이들에게 "전쟁이 났습니다. 이젠 어떻게 해야 할까요? 기르던 닭들은 어떻게 할까요? 특히 빼떼기는 아무도 사 가지 않을 텐데요. 여러분이 순진이라면 어떻게 할 건가요?"라고 물었다. 아이들은 '안전을 위해 빼떼기를 두고 떠난다', '무조건 빼떼기를 데리고 간다' 두 편으로 갈라졌다. 왼쪽은 '두고 떠난다', 오른쪽은 '데리고 간다'로 두 줄 서기를 해서 원을 만들었다. 물레방아처럼 왼쪽과 오른쪽으로 한 발씩 옮겨 가며 서로 의견을 나누었다. 대화를 시작하자 설득하는 말하기가 되었다. 한 바퀴가 돈 후 어떤 대화를 나누었는지, 누가 누구를 설득했는지를 공유했다. 이제 이야기의 마지막을 함께 읽을 차례다.

7월이 되자 마을 사람들이 피난을 갔습니다. 어머니는 빼떼기를 그냥 두고 떠나자 했지만 순진이는 데리고 가자고 했습니다. 이러지도 저러지도 못하고 있는데 결국 순진이 아버지가 마지막 결정을 내렸습니다. 본래부터 짐승을 키우는 건 잡아먹기 위한 것이기 때문에 빼떼기도 잡아먹자는 것이었습니다. 아버지는 빼떼기에게 설명을 했습니다. 너를 혼자 두고 갈 수도 없고 데리고 갈 수도 없으니 어쩔 수 없이 잡아먹겠다고. 옆집 태복이 아버지가 손작두로 빼떼기 목을 자르려 하자 순진이와 누나는 어머니와 함께 부엌으로 들어갑니다. 곧이어 건넌방 아궁이 앞에서 푸드덕푸드덕 몸부림치는 소리가 들리고 순진이는 눈물을 흘립니다.

이야기를 마치자 숙연한 분위기가 되었다. 마지막 질문을 던졌다.
"여러분이 순진이라면 빼떼기에게 어떤 이야기를 할까요? 꼭 하고 싶은 말을 써서 작별 인사를 해 봅시다."

#상황 셋 : 빼떼기와 작별

아이들은 각자 쓴 편지를 빼떼기 사진에 붙였다. 이때 상황에 몰입하도록 슬픈 음악을 틀어 주었다. 우리는 둥글게 모여 빼떼기를 생각하며 침묵의 시간을 가졌다.

-빼떼기에게, 안녕? 너와 함께했던 즐거운 순간이 많아서 더 슬프구나. 갑자기 전쟁이 일어나서 네가 죽게 되었구나. 하지만 하늘나라에서 잘 지냈으면 좋겠다.

-빼떼기야, 이렇게 작별을 하게 해서 미안해. 넌 태어날 때부터 나에게 너무나 특별했어. 너와 함께한 모든 순간이 행복했어. 항상 날 행복하게 해 줘서 고마웠어. 지금은 그냥 너무 미안해. 또 미안하고 미안하다. 사랑해. 다시 만나자.

-빼떼기야, 네가 아궁이 속에 들어갔던 날이 아직도 기억나. 너를 위해 해 주었던 우리의 보살핌이 오히려 너를 혼자로 만든 것 같아 미안해. 다음에 태어나면 꼭 남들처럼 친구들과 어울려 지내고 멋진 수탉으로 자라길 바랄게.

#다시 질문하기 : 네 생각이 뭐니?

이틀에 걸친 연극 수업을 마무리하며 배느실(배운 점, 느낀 점, 실천할 점) 글쓰기로 내 생각을 정리했다. '이야기 극을 만들고 참여하며 새롭게 배운 점은 무엇이었나요? 내가 느낀 점은 무엇이었나요? 실천할 점은 무엇일까요?' 아이들은 글쓰기에 몰입했다.

–삐떼기 수업을 통해서 죽음이란 걸 느끼게 되었다. 주인공이 삐떼기를 처음 만날 때부터 보살펴 주고 아껴 주며 정이 들었다. 가족 같은 사이가 되었다. 하지만 전쟁은 한순간에 모두를 만날 수 없게 했고 죽음이 덮쳐 왔다. 나에게도 이러한 죽음이 온다면. 버티기 힘들 것 같다. 죽음을 상상만 해도 마음이 차오르고 눈물이 난다. 실제 상황이 오면 하루하루가 힘들고 그리울 것이다. 감히 내가 죽음에 대해 말할 수 없지만 죽음을 생각해 보고 죽음 앞에 서 보는 것만으로 마음이 단단해진다. 전쟁과 죽음은 생명의 반대이다.

–어제부터 오늘까지 삐떼기 책을 읽었다. 중간중간 배우가 되기도 하고 관객으로 말을 했다. 『강아지똥』을 쓴 권정생 작가의 책이다. 책 내용을 알아가면서 토론하고 또 선물도 주었다. 마지막 작별 인사까지 하면서 연극을 마쳤다. 삐떼기는 전쟁으로 가족과 함께 가지 못하게 된다. 그때 순진이 아버지는 결정했다. "어쩔 수 없이 너를 잡아먹는다. 너도 그게 좋겠지"라고. 〈P짱은 내 친구〉에서도 마지막에 P짱은 도축장으로 가게 된다. 그런데 삐떼기도 P짱도 모두 가족들과 아이들에게 사랑을 받고 살았다. 보통 동물들은 이름이 없다. 반려동물일 때만 이름으로 불린다. 삐떼기도 P짱도 순진이와 아이들에게 반려동물이자 친구였다. 그러나 잡아먹고 먹히는 관계이다. 그래서 더 생명의 소중함을 알아가는 기분이었다. '콜팝을 어떻게 먹어요?' 했던 친구의 말이

생각난다. 빼떼기는 많은 생각을 하게 한다.

연극과 글쓰기를 마친 후에는 6·25전쟁과 관련한 공부를 할 계획이다. 역사 연극에서 전쟁과 생명의 관계를 다루는 의미는 무엇일까. 그 누구도 전쟁을 원하지 않았는데 전쟁으로 소중한 존재를 잃고 일상의 평화와 행복이 파괴된다는 것을 기억하기 위해서가 아닐까. 이산가족이 생겨났고 지금도 그리움과 아픔을 치유받지 못한 채 살아가는 사람들이 많다. 그들의 슬픔을 함께 애도하고 기억하는 것이 연대의 마음일 것이다.

왜
그 길을
선택했나요?

우리 역사에서 근대 사회는 굉장히 중요한 시기다. 일제강점기 암울한 역사에서 빛나는 지점을 발견할 수 있기 때문이다. '우리나라의 독립을 위해 애쓴 분을 찾아 소개하기'를 했다.

- 왜 독립운동가를 만나야 하는가?
- 어떤 독립운동가를 조사할까?
- 무엇을 어떻게 조사하고 발표할까?

아이들이 생각한 독립운동가를 만나야 하는 이유는 다양했다.

'독립이 그만큼 중요하기 때문이다. 영화 〈봉오동 전투〉를 봤는데 독립군이 얼마나 힘들게 싸웠는지 알게 되었다. 홍범도 장군 유해가 봉오동 전투 승리 후 101년 만에 우리나라로 귀환하셨다. 마음이 뿌듯했다. 일본

침략에 맞서 싸운 분들이 제대로 대접받지 못한다고 생각한다. 독립군 후손은 가난하고 어렵게 살고, 친일파 후손은 재산을 그대로 가지고 있어서 부자로 산다고 한다. 이게 정의로운 나라인지 묻고 싶다.'

아이들은 사회와 역사에 관심이 높다. 논쟁적인 질문도 하고 적극적으로 토론하며 자기 생각을 말한다. 한 가지 질문을 더 했다.

"독립운동가들은 어떤 나라를 세우고 어떤 독립을 이루고자 했을까요?"

김구 선생의 『백범일지』 중 '나의 소원' 마지막 부분 '내가 원하는 우리나라'를 함께 읽었다.

나는 우리나라가 세계에서 가장 아름다운 나라가 되기를 원한다. 가장 부강한 나라가 되기를 원하는 것은 아니다. 내가 남의 침략에 가슴이 아팠으니, 내 나라가 남을 침략하는 것을 원치 아니한다. 우리의 부력(富力)은 우리의 생활을 풍족히 할 만하고, 우리의 강력(强力)은 남의 침략을 막을 만하면 족하다. 오직 한없이 가지고 싶은 것은 높은 문화(文化)의 힘이다. 문화(文化)의 힘은 우리 자신을 행복되게 하고, 나아가서 남에게 행복을 주겠기 때문이다. 지금 인류에게 부족한 것은 무력도 아니오, 경제력도 아니다. 자연과학의 힘은 아무리 많아도 좋으나, 인류 전체로 보면 현재의 자연과학만 가지고도 편안히 살아가기에 넉넉하다.

칠판에 '자주독립', '통일국가', '문화국가'를 쓰고, 사회 교과서에서 뜻을 찾아 읽었다. '자주독립은 힘센 다른 나라의 간섭 없이 우리 민족 스스로 국가를 유지 운영하는 것이다. 빼앗긴 땅과 바다, 하늘 그리고 우리 말과 글과 주권을 회복하는 것이다. 남과 북으로 분단되는 것을 막아 통일 국가를 만들고, 문화국가를 이루는 것.' 독립운동가들의 꿈이자 민족의 소원이었다.

질문에 대한 기본 이해를 바탕으로 4명이 한 모둠이 되어 소개하고 싶은 독립운동가를 정했다.

경향신문 '나는 어떤 독립운동가였을까?'[*]에서 여러 독립운동가를 찾아보았다. 그동안 알고 있었던 것보다 더 많고 다양한 분들을 만날 수 있었다. 특히 학생들이 알아보고 싶은 영역을 선택해서 나와 비슷한 성향의 독립운동가를 만날 수 있어서 좋았다.

아이들은 '김좌진, 홍범도, 윤봉길, 이봉창, 신채호, 남자현' 6명을 선택했다. 소개할 방법은 '역사 도슨트 활동'이다. 미술 작품을 소개하는 도슨트 활동과 비슷하다.

발표할 내용을 정하는 데도 시간이 걸렸다. 주로 역사적 사건과 업적, 생애 혹은 6인의 공통점 등을 찾았다. 태블릿과 검색창을 이용해서 독립운동가의 생애와 중요한 사건, 역사적 의의 등을 조사하기 시작했다. 모르는 말이 제법 나와서 낱말의 뜻을 찾는 공부도 함께했다.

'사사', '조직', '도일해서', '언론인', '사학자', '항거', '쟁투', '계급해

---

[*]   http://news.khan.co.kr/kh_storytelling/2019/myact/index.html?artid=201901171730001&code=940100

방', '노선이 달라', '신간회', '사회주의 세력', '아나키스트' 등이다.

사회 교과서에는 새로운 말이 나오면 친절한 해석이 있지만, 읽기 자료는 주석이 없어서 일일이 사전을 찾아 뜻을 알아보거나 교사가 설명해야 했다. 문제는 미디어에 있는 자료나 정보를 어떻게 처리할 것인가이다. '어떤 정보가 가장 좋은 것인지 또 정보를 어떻게 정리해서 소개 자료를 만들 것'인지 다들 어려워했다. 모르겠다는 아이들에게 무엇을 모르겠는지 다시 물었다.

"가장 중요한 질문을 모르겠어요. 생애는 조사했는데 독립운동의 의의가 뭔지 알기 힘들어요."

한참 고민한 후에 중요한 질문 중 하나를 찾았다. 가장 궁금했던 점이다. '가족과 떨어져 살고 심지어 죽기도 하는데, 그 힘든 독립운동을 왜 하게 되었는지 계기가 무엇이었나요?'라고.

조사한 것을 확인하고 발표 방법을 정한 다음 6명씩 발표 모둠을 만들었다. 이제 도슨트가 되어 질문하고 설명할 시간이다.

"이봉창 의사는 처음에 철도 노동자였다고 해요. 그런데 일본인에 비해 한국인들이 너무 돈을 적게 받고 비참한 생활을 하니까 항의를 했습니다. 일본 회사는 이봉창 의사를 해고했고 그는 일본으로 가서 가게 점원도 하고 이런저런 일을 했다고 합니다. 그런데 독립운동을 하게 된 까닭은 무엇일까요?"

"윤봉길 의사도 처음에는 국내에서 교육에 뜻을 품고 야학과 강습회를 열어 계몽운동을 하였습니다. 이후 독립운동에 관심을 가져 대한민국임시정부를 찾아가 한인 애국단에 가입하게 됩니다. 그 후 이분을 만나게 됩니다. 그 사람은 누구를 만났을까요?"

"자, 여러분 남자현 독립운동가는 왜 독립운동을 했을까요? 독립운동을 하게 된 계기가 너무 슬픈 일입니다. 의병 운동을 한 남편이 일본군에게 잡혀 모진 고문을 당하고 죽게 되자, 아들 하나를 키우며 독립운동을 했다고 합니다."

"신채호 선생님은 우리 역사를 연구하고 또 신문에 우리 역사에 대해 글도 쓰고 소설 연재를 했다고 합니다. 역사를 이야기하니까 독립운동을 할 수밖에 없었지요."

"김좌진 장군은 충남 홍성에서 태어났습니다. 15살 때 대한제국 육군 무관학교에 입학했고 노비를 해방하고 땅을 나누어 가졌습니다. 놀라운 것은 독립군 사관학교를 설립하기 위해 노력하다 서대문형무소에 투옥되었는데 그곳에서 김구 선생을 만났다고 해요. 1920년에 청산리 전투를 지휘하여 일본군을 대파하였고 독립군 양성에 헌신했습니다. 가장 안타까운 점은 우리 동포에게 암살당한 것입니다."

"홍범도 장군님 유해는 올해 우리나라에 오셨습니다. 돌아가신 지 한참 되었고 홍범도 장군의 업적을 잘 몰랐다고 해요. 김좌진 장군은 장신이지만 홍범도 장군은 키와 몸집이 작으십니다. 두 분은 모두 훌륭한 독립운동가인데 여기서 퀴즈입니다. 홍범도 장군의 첫 직업은 무엇일까요?"

생각이 모여 깊이 있는 토론으로 이어졌다. 수업 후 느낀 점과 질문을 나누었다.

-독립운동가들은 굉장히 남다른 분이라 독립을 위해 목숨 바쳤다고 생각을 했는데, 어릴 때 잘못된 행동을 하다가 다시 중요한 가치를 알게 되어 독립운동을 하게 되었다고 합니다. 알게 된 가치를 실천하는 것을 선택한 겁니다.

-독립운동가는 용감하고 무서운 사람들인 줄 알았는데 홍범도 장군을 보니 옆집 할아버지처럼 생겨서 웃기기도 했습니다.

-독립운동가 옆에는 또 다른 독립운동가가 있어서 서로 동지가 되어 활동했어요. 그래서 윤봉길과 이봉창처럼 비슷한 사진을 남겼죠.

-제가 김구 선생과 이봉창 의사의 시계 사건을 책으로 읽었는데 감동이었어요. 친구들도 꼭 읽었으면 합니다.

-이봉창은 일본말도 잘하고 일본 노래도 잘했는데 왜 독립운동을 했을지 궁금했어요. 그런데 OO이가 잘 설명해 주었어요.

-남자현 운동가님을 조사하며 얼마나 마음이 아팠을까 생각했고, 안중근 의사 어머니 조마리아 여사가 일본에게 구걸하지 말고 당당하게 죽음을 맞으라고 해서 놀랐습니다.

-처음에는 국내에서 하던 독립운동이 점점 해외로 옮겨 갔고 그 방법도 여러 가지라는 걸 알게 되었습니다. 주권을 지키는 것이 중요하다는 것도 새롭게 알게 되었어요.

-독립운동가 후손은 모두 가난하고 힘들게 살아가는데 친일한 사람 후손은 할아버지나 선조가 남긴 재산으로 공부도 하고 좋은 직장을 가져 부자로 살아간다고 합니다. 이래도 되는 겁니까?

-사회 공부를 하니까 점점 역사에 관심이 생깁니다. 만약에 독립운동

을 하지 않았다면 지금 우리나라는 일본의 작은 도시가 되었을 것입니다. 그럼 어떻게 될지 생각해 보았습니다. 영화 〈말모이〉에 나오는 것처럼 일본말과 글을 쓰고 있지 않을까요. 생각만 해도 아찔합니다.

수업 후에 아이들이 많은 질문을 했지만 나는 답하지 않았다. 대신 6학년이 되어 사회에서 현대사를 배울 때, 오늘 공부를 떠올리며 '그때 궁금한 건 이렇게 찾았지. 그렇게 해 봐야지' 이런 마음이 들면 성공한 거라고 말했다.

미래 교육을 강조하는 요즘 '디지털 리터러시'나 '미디어 리터러시' 역시 마찬가지다. 기기를 사용하는 것 이상으로 핵심질문을 찾고 해답을 찾아가는 것. 단순한 검색이 아니라 역사와 상황의 맥락을 이해하고 자신의 말과 글로 생각을 표현할 수 있을 때 리터러시(문해력)는 발달한다. 이런 수업을 위해 공동연구와 공동실천은 필수다. 안산초에 와서 좋은 선생님들을 많이 만났다. 수업 내용과 방법 그리고 수업 공간이 넓게 확장되는 것이 느껴진다. 아이들의 성장은 곧 교사의 성장이다. 아이들의 질문이 곧 교사의 질문이다. 늘 새로운 질문을 받고 도전할 때 우리는 성장한다. 그들이 독립을 선택한 것처럼 우리는 가르치고 배우기를 선택한 것이다.

노래하고
춤추고
즐기자

지난주 금요일. 학교 버스킹이 열렸다. 신청자가 많아 1, 2부 나누어 진행했다. 마이크와 앰프, 전자 기기와 비눗방울 장치까지. 무대 설치를 위해 1학년 부장님과 선생님들이 수고하셨다. 열띤 호응과 참여로 성대하게 마쳤다. 버스킹은 '길거리에서 공연하다'라는 뜻이다. 장소나 사람에 구애받지 않고 자유롭게 자신의 재능을 펼치고 관객은 대가 없이 즐길 수 있다. 1층 현관에 놓인 피아노는 누구나 칠 수 있어서 날마다 즉흥 연주를 들을 수 있다. 숨은 재능을 발휘하는 아이들 덕분에 학교 분위기도 좋아졌다.

코로나 상황이 나아져 2학년 동생들과 6학년 3반 선배들이 함께 버스킹을 계획하였다. 동생들에게 보내는 초대장은 알록달록 어여쁘게 만들고, 6학년 선배들에게는 졸업 축하 열쇠고리를 준비했다.

2학년 동생들에게

안녕? 난 5학년 1반 박OO이라고 해.

요즘 코로나 때문에 힘든 너희들에게 우리가 작은 선물을 준비했어.

우리가 지금까지 배워 온 것을 합쳐 멋진 버스킹을 할 거야. 나는 너희들이 활기찬 2학년이 되어 나중엔 멋진 언니와 오빠들이 될 거라고 생각해.^^

우리 공연을 재밌게 봐 주면 좋겠다.

앞으로도 건강하고 씩씩한 아이가 되길 바래.

즐거운 방학 보내~!! 안녕.

-12월 21일 5학년 1반 박OO 누나/언니가.

"내일 초대장을 준다고 생각하니 가슴이 두근거려요."

"맞아요. 내일이 빨리 오면 좋겠지만 늦게 오면 더 좋겠어요."

교실이 아이들 두근거림으로 가득 찼다. 아이들이 만든 초대장이 칠판을 가득 채웠다. "5학년 1반 아이들 왜 이렇게 스윗하죠? 6학년인 우리 반 아이들은 대충 준비하는데. 너무 감사해요."

6학년 선생님이 초대장을 보고는 환하게 웃는다.

다음 날 아침, 2학년 교실로 내려갔다. 동생들 교실이 무대다.

"지금부터 5학년 1반 버스킹을 시작하겠습니다."

사회를 맡은 삼총사 '인O, 세O, 재O'의 첫인사에 박수가 울려 퍼졌다.

"저희가 버스킹을 하게 된 이유는 그동안 배운 것을 연습하여 코로나로 만나지 못했던 아쉬운 마음을 나누기 위해서입니다."

사실 공연을 준비하며 어려움이 많았다. 2학기 때 하고 싶은 공부를 정하면서 '학급 버스킹'을 하자는 의견이 나왔고 우리 반은 실제 공연을 하기로 했다. 그런데 종목을 정하는 것부터 힘들었다. 혼자 혹은 여럿이, 어떤 내용으로 할지 계획하는 것과 모둠원이 새로 정해지는 과정에서 서로 마음을 맞추는 것이 어려웠다. 심지어 싸움이 일어나기도 했다. 서로 의견이 맞지 않아 연습은커녕 시작도 어려웠다. 이것도 싫고 저것도 싫다는 아이도 있고, 내 맘에 들지 않는 친구를 빼달라고도 했다. 하지만 공연 전날 '내가 하고 싶은 대로'가 아니라 '연습한 대로', '친구의 의견 경청하기'로 해결점을 찾았다.

2학년 교실이 좁아 음악 줄넘기는 급하게 영상을 찍어야 했다. 6학년 선배들과 함께하는 것이 부담된다는 아이도 있었다. 공연이 시작되자 아이들 눈빛이 달라졌다. 어디서 그런 멋짐이 나오는지. 연습 때보다 100만 배 더 잘했다. 리코더 2중주, 발차기, 수수께끼, 마술, 티니클링, 피아노 2중주, 댄스, 독창, 퀴즈, 컵타, 마지막 순서로 다섯 명이 한 사람처럼 움직이는 음악 줄넘기 모두 훌륭했다.

우리가 준비한 순서를 마치고, 2학년들과 느낀 점 말하기와 선물 나누기를 했다.

6학년은 졸업 공연을 보여 주었다. 잠옷 차림의 댄스와 3반 선생님과 아이들이 모두 함께한 '댄싱 공연'은 놀라웠다. 공연을 본 아이들은 저렇게 해 보고 싶다고 했다. 이제 6학년이 될 이유가 한 가지 늘었다.

지난해 가르쳤던 아이들 공연이라 더 뭉클했다. 아이들은 모두 최선을 다해 멋지게 자란다. 단지 어른들이 그것을 보지 못할 뿐이다. 공연을 마치고 느낀 점 나누기를 했다. 6학년들이 준비해 온 선물을 주고받으며 인사했다.

"우아~ 5학년 1반 너희들 정말 멋졌어. 무대를 찢었다고."

"졸업 축하 공연 함께 준비해 줘서 고마워."

"내년에 6학년 되는 거 축하해. 너희가 이제 최고 형이야. 잘해!"

의젓한 아이들 말에 마음이 울렁거렸다. 정말 수고 많았다. 모두 잘했다. 멋지다는 말을 하며 따뜻하게 안아 주었다. 공연장을 정리하고 홀가분하게 점심을 먹었다.

5교시 때는 체육 수업하는 강당까지 배웅했다. "샘, 참 잘했어요." 강당 앞에서 아이들과 민이가 나를 꼭 안아 주었다.

교실 정리를 하고 다음 주에 쓸 학습준비물을 챙긴 다음, 학기 말 통지표 점검을 했다.

한 해 동안 우리 아이들 모두 잘 컸다. 2학년 동생들에게 친절하게 설명하고 기쁘게 놀아 줄 수 있을 만큼 마음이 넓어졌다. 6학년 선배를 보며 나도 6학년이 되면 저렇게 해야지 하는 마음을 가지게 되니 얼마나 좋은가. 뭔가 하고 싶은 마음이 생기게 하는 것. 마음의 북소리를 따라 걸어가게 하는 것. 그것만큼 좋은 일은 없을 것이다. 이제 좀 덜 싸우고 잘 지내길 바란다.

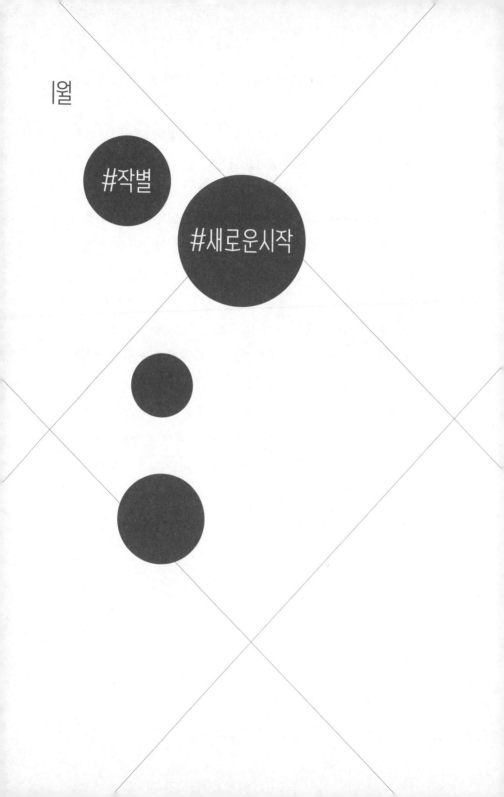

1월

#작별

#새로운시작

아이 한 사람, 한 사람 이름을 부를 때마다 가슴이
벅차고 눈물이 나기 시작했다. 아이들이 울어도
된다고 오늘은 괜찮다며 응원해 주어서 끝까지
다 읽었다. 오늘을 잊지 않고 좋은 선생님으로
살아가겠다는 마음을 다졌다.

마무리
잔치

"은경샘, 저랑 잠시 아침 산책 좀 하셔야 해요."

옆 반 선생님이 와서 팔짱을 꼈다. 아이들도 잘 다녀오라며 등을 떠밀었다. 무슨 일인지 궁금했지만, 오랜만에 아침 산책을 나섰다. 강당 지나 후문을 돌고 정문까지 갔다. 정문에서 아침맞이를 하고 계신 교장 선생님을 만나 인사를 나눈 다음 교실로 되돌아갔다. 교실 앞에 도착한 옆 반 선생님은 내 눈을 가리고 말했다.

"자, 은경샘 들어갑니다. 환영해 주세요. 저는 임무 완료했으니 이만."

아이들의 박수를 받으며 들어선 교실은 정말 놀라웠다. 아이들이 칠판과 교실을 축제 마당으로 꾸며 놓았다.

"와~ 은경샘, 왔다. 어서 오세요. 우리가 금요일부터 준비했어요."

"샘이 너무 일찍 올까 봐 걱정이었는데, 넘 늦게 오실까 또 걱정했어요."

"금요일부터 단톡방 만들어서 계속 회의하고 티카티카도 하고, 토요일에 저랑 누구, 누구, 누구랑 마트 가서 사고……."

"촛불로 하자고 했는데 아이들이 빼빼로 꽂았어요."

"제가 풍선 불고 하트도 붙였어요."

"롤링 페이퍼 쓰는데 여자애들이 자기들 것만 예쁘게 꾸미고 우리 건 그대로 됐어요."

"샘, 제가 간식도 준비했고요. 아이디어는 이렇게 저렇게……."

말만 들어도, 얼마나 정성을 들였는지 알겠다. 아이들의 수고를 생각하니 가슴이 저릿했다. 모두 좋아서 한 일이라고 했다. 아이들이 만들어 준 빼빼로 촛불을 보고 눈을 감고 소원을 빌었다.

'우리 반 아이들이 6학년 되어서도 지금처럼 건강하고 행복하게 잘 지내게 해 주세요. 한 사람도 아프지 않고 씩씩하게 자라게 해 주세요. 저도 좋은 선생님으로 살게 해 주세요.'

롤링 페이퍼에 한 사람 한 사람의 글이 적혀 있었다. 아니 마음이 담겨 있었다.

축하할 일이 한 가지 더 생겼다. 학급문집이 완성되어 온 것이다. 우리는 간식을 나눠 먹으며 문집에 실린 글을 읽었다.

돌아가며 자기가 쓴 시와 친구 시 중에 마음에 드는 시를 골라 한 편씩 낭송했다. 친구들이 고른 시를 발표할 때마다 아이들의 표정은 다양했다. 자기 시가 불리면 쑥스럽지만 빛나는 얼굴이 되고, 의외의 재미를 찾는 순간도 있고 너무 웃기는 표정도 있었다. 서로 기다려 주고 잘 들어 주는 이 순간이 새해에 받은 또 다른 선물이었다. 마지막에 나도 낭독했다.

"괜찮은 5학년 1반 친구들에게……"

아이 한 사람, 한 사람 이름을 부를 때마다 가슴이 벅차고 눈물이 나기 시작했다. 아이들이 울어도 된다고 오늘은 괜찮다며 응원해 주어서 끝까지 다 읽었다. 오늘을 잊지 않고 좋은 선생님으로 살아가겠다는 마음을 다졌다.

아이들이 준비한 잔치를 무사히 끝낸 다음 '타임캡슐 개봉'을 했다. 지난 3월. 5학년이 되어서 쓴 편지와 약속을 읽고 나에게 주는 답장도 썼다. 못 지킨 약속도 있고 각종 흑역사도 있지만 재미난 기억이 더 많았다. 소감을 짧게 나눈 뒤 하교했다.

내일 졸업식이라 바쁜 6학년 일손을 돕고 난 뒤, 교실 정리를 했다. 민이가 남아서 함께해 주었다. 업무 인계서를 작성하고 출결을 확인한 뒤에 방학 때 있을 캠프 안내도 다시 했다. 집으로 돌아오는 길에 어머니 한 분과 전화 상담을 했다. 한 해 동안 마음을 나누며 늘 고마웠던 분이다. 퇴근 후 이○와 지○가 보내 준 영상을 보는데 다시 울컥했다. 아이들이 만들어 준 편지 묶음도 읽었다.

내일은 양손 무겁게 아이들과 함께 나눌 맛있는 양식을 준비해서 간다. 배움의 즐거움과 가르침의 경이로움을 느끼게 해 준 아이들 곁으로.

안녕,
명랑한
열두 살

아이들과 만난 지 190일째. 5학년 1반으로 만나는 마지막 날이다. 평소보다 더 일찍 일어나 학교로 갔다. 도착하니 7시 30분. 카트에 아이들과 나눌 양식을 담았다. 지킴이 선생님과 주무관님이 도와주셨다. 두 분이 카트를 가지고 교실로 오셨다. 사실 학교를 옮길 때마다 책이 가장 문제다. 매번 용달을 부르고 남편이 와서 도와주었다. 이번에는 지킴이 샘과 주무관님이 도와주시니 수월하다. 지난주부터 어제까지 계속 짐을 정리했다. 책 박스 10개와 작은 박스 4개를 미리 옮겼다. 지킴이 선생님이 창고용 컨테이너를 정리해 주셔서 발령이 난 후 천천히 옮겨도 괜찮다. 오늘까지 쓸 것만 남겨 두고 5박스를 모두 옮겼다. 일찍 온 민이와 효가 교실 정리를 도와주었다.

드디어 종업식. 방송으로 정년퇴직하시는 두 분 선생님 다음으로 작별 인사를 했다. 우리 학교에 초대받아서 기뻤던 일과 고마운 마음을 전했다. 교실에 올라와 아이들과 겨울 방학 계획을 세웠다. 교실 문이 열리고 교장 선생님이 오셨다.

"여러분, 최은경 선생님과 헤어지기 싫죠?"

"네."

"저도 그렇습니다. 최 선생님은 우리 학교로 초대를 받아오셨는데 벌써 4년이 되셨어요. 한 해 더 계시라고 하고 싶은데 너무 멀리 이사 가셔서 잡을 수 없어요."

"교장샘, 다시 이야기해 주시면 안 돼요? 은경샘이랑 있고 싶어요."

"저도 그렇답니다. 어제 여러분이 만든 학급문집을 보았습니다. 여러분의 솔직한 생각이 시로 잘 드러나 있었어요. 있는 그대로 진술하게 쓴 글을 보며 여러분이 좋은 가르침을 잘 받았구나 생각했습니다. 아쉽지만 최 선생님이 다른 곳에 가서도 잘 지내시라고 손뼉도 치고 안아 주시기 바랍니다. 저는 이만 갈게요."

마음 써 주신 교장 선생님께 감사하다. 계속해서 방학 이야기를 하는데 다시 교실 문이 열렸다.

"샘, 교생 선생님 오셨어요."

"와~ 진짜 살구샘이다."

머리를 짧게 자른 교생 선생님. 방학식 날 다시 만나기로 했던 약속을 지키려고 먼길 마다하지 않고 와 주었다. 아이들이 가서 안기고 두드리고 반가움이 가득했다. 우리는 교생 선생님 인사말을 듣고 질문도 하고 궁금한 점을 나눴다. 특히 머리를 자른 이유를 아주 진지하게 들었다.

"이제 내년이 4학년이라 진짜 선생님이 되기 위해서 공부 열심히 하려고 그랬죠. 나와의 약속 같은 거예요."

아이들과 샘은 피구 하러 가고, 나는 몇몇 아이들 도움을 받아 간식을 준비했다. 우리 학교는 배달이 되지 않는 학교라 어제 미리 받아 둔 핫도그를 오븐에 데웠다. 핫도그와 음료를 놓고 작별식을 했다.

〈누구 없소〉를 부른 성O이, 〈회전목마〉를 열창한 태O이, 〈막걸리 한잔〉에 혼을 불태운 경O이 그리고 에스파의 〈넥스트 레벨〉로 흥을 보여준 찌니, 유, 안이까지. 마지막 곡으로 다 함께 〈마리아〉를 열창했다. 재미있는 시간을 가진 후 '건강 체력 부문, 문화예술 부문, 자기주도 부문, 민주시민 부문'으로 표창장을 주었다.

아이들이 제일 궁금해하는 생활통지표와 6학년 반 배정을 받았다. 같은 반이 된 아이들과 헤어진 아이들 사이에 환호성과 탄성이 흘렀다. 단체 사진을 찍고 서로 안아 주면서 인사를 나누었다. 작별 노래를 부르고 인사를 했다. 아이들이 울어서 내 마음도 짠했다. 아이들을 보낸 교실에서 교생 선생님과 이야기를 나눈 뒤, 점심을 먹고 헤어졌다.

교실로 돌아와 책상을 정리하는데 지난해 가르쳤던 아이 둘이 찾아와 인사를 하고 갔다. 6학년 어머니 두 분도 오셔서 선물을 주셨다. 집에서 손수 만든 꽃다발과 쿠키를 주셨다. 참 고맙다.

점심을 먹은 애들이 와서 교실이 북적거렸다. 아빠가 졸업하는 오빠보다 더 많이 울어서 안쓰럽다고 했단다. 집에 가서 쉬라고 했더니 끝까지 도와주겠다고 했다. 말만 들어도 고마운데 교실을 깨끗하게 쓸고 걸레를 빨아서 바닥도 윤이 나게 닦았다. 혼자서 하려던 일인데 아이들은 늘 도우려 한다. 수호천사다.

"샘 주려고 산 건데 이제 드려요."

단O가 볼펜 두 자루를 주었다. 고맙다고 공부할 때 쓰겠다고 약속했다. 자기들이 안산초를 잘 지키겠으니 걱정 없이 잘 지내라며 의젓하게 인사했다. 아이들이 모두 가고 나서 나머지 짐을 정리했다. 학년 말 마지막 업무인 나이스 진급을 마치고 나니 퇴근 시간이 지났다. 학부모님께서 보내 주신 감사 인사에 답글을 보내고, 아이들 문자에도 메아리를 남겼다. 퇴근하고 오는 길. 익숙한 길인데 남달라 보였다. 함께했던 순간이 떠올랐다.

'민들레처럼 씩씩하게 지내다 다시 만나자!'

참 괜찮았던 5학년 열두 달 이야기의 마지막 일기를 닫는다.

미지의
세계로 떠나는
여행

열두 살과 사는 일은 미지의 세계로 떠나는 여행이다. 어떤 이야기가 펼쳐질지 모르지만, 마음에서 마음으로 달려가는 빛을 따라 용감하게 걸어간다.

지난 3월 학급회의에서 해 보고 싶은 일을 정하는데 '마니또 하기'가 가장 많이 나왔다. 왜 해야 하는지를 알아보았다. 친구 관계가 좋아진다. 학교 오는 게 설렌다. 친구를 도와주면 뿌듯하다. 그런데 한 아이가 강력하게 반대했다. 이유는 용돈은 못 받는데 선물을 사야 하는 것이 너무 힘들다, 마니또가 아무것도 해 주지 않으면 나만 손해라며 울먹였다. 어떤 교육활동도 의도와 관계없이 아이를 힘들게 할 수 있다.

"응, 그럴 수 있어."

"그래, 힘들 수 있어."

공감하는 친구들 말에 아이는 살짝 누그러진 표정을 지었다.

"그럼 어떻게 하지? 방법이 있을까요?"

좋은 질문이다. 그 방법을 찾는 것이 오늘의 공부다. 아이들은 머리를 맞대고 검색도 하고 의논도 했다. 그리고 원칙을 정했다. '돈 들이지 않고 재미있고 즐겁게.' 그러자 발랄한 제안들이 쏟아져 나왔다.

아침마다 큰 소리로 웃으며 인사하기, 장점 찾아 칭찬 편지 보내기, 마니또 이야기에 큰 소리로 웃어 주기, 몰래 신발장과 사물함 청소하기, 8자 줄넘기 같이하기, 급식 때 맛있는 반찬 하나 더 주기, 좋아하는 시 적어 보내기, 마니또 이름 크게 불러 주기, 음악 시간에 마니또 보며 노래하기, 마니또에게 보내는 영상 찍어서 마지막 날 선물하기, 의자나 책상 닦기. 시와 편지 배달은 서로 하려고 해서 가위바위보로 순서를 정해야만 했다.

마니또 활동은 성공적이었다. "그럴 수 있어"라는 공감, 돈 안 들이고도 즐거운 일이 세상엔 많다는 걸 새롭게 발견한 아이들 덕분이다.

열두 살은 스스로 질문하고 모의하며 작당하기 괜찮은 나이다. 돈 안 들이고 느낄 수 있는 재미와 즐거움, 소박한 일상의 아름다움을 만들어 갈 수 있다. 마음에서 마음으로, 눈빛을 주고받으며 정의롭게 자란다. 마니또 주간이 지났지만 누군가의 책상엔 쪽지가 놓여 있고 가끔 신발장도 깨끗해진다. 투명인간도 될 수 있는 열두 살의 열두 달은 언제나 변신 중이다.

코로나를 겪으며 아이들은 서로 손잡으면 안 되고 함께 놀지도 못하며 물건을 빌려 주지도 말아야 하는 시간을 견뎌 냈다. 보이지 않는 바이러스 감염으로 부모가 일자리를 잃거나 가족이 헤어지는 경험도 했다.

죽음과 재난이 가깝다는 것도 알게 되었다. 맛있는 급식도 신나는 체육 활동도 마스크 너머로 조심스럽게 했다. 아이들은 물었다. '왜 코로나가 생겼나? 어떻게 해야 하나? 우리 미래를 지키는 방법은 뭐지?' 이 질문을 해결하는 실마리는 생각보다 가까이 있었다. '민주주의와 인권, 기후위기, 기후정의, 생태, 동물권, 생명 존중, 종 차별, 평화 감수성, 연대' 등 새로운 말을 궁금해하고 말뜻이 무엇인지, 왜 생겼는지, 이유를 찾아가는 공부를 했다.

'늘/강아지 만지고/손을 씻었다//내일부터는/손을 씻고/강아지를 만져야지(「반성」, 함민복)'를 읽고 '강아지'와 '강아지를' 두 말의 다른 점을 찾았다. 그냥 강아지와 아는 강아지를 대하는 마음의 차이가 바로 생명 존중의 마음이 자라는 순간이었다. 시집과 그림책, 동화책 읽기는 마음과 마음이 통하는 길이었다. 주제를 찾아 궁리하고 질문을 만들었다. 직접 작가를 초대해서 이야기를 들었다. 질문에 대한 해답을 찾은 아이들의 눈빛은 지혜로웠다.

우리 아이들은 MZ세대다. 컴퓨터와 스마트폰, 태블릿 PC 등 이미 충분히 발달된 기술 기반의 네트워크를 활용하여 사회참여 프로젝트에 적극적으로 참여하였다. 물론 이러한 기술 활용 기량은 개인차가 심하고 가정의 문화 수준과 연결되어 있다. 학교가 제공하는 네트워크를 활용하여 대안을 마련하고, 필요한 곳을 찾아가 직접 면담하거나 온라인 청원을 했다. 아이들의 사회참여는 학교를 변화시키고 마을과 지역으로 확장되었다. 그 과정에서 세상은 서로 연결되어 있다는 걸 배웠다. 배움은 질문을 던지고 생각을 이끌고 사유할 시간을 주는 것, 그 산물을 말과 글, 매체를 활용하여 표현하게 하는 과정에서 일어난다. 교사와 학교는 그 곁을 지키며 느긋하게 기다려 주는 안전판이 되어야 한다.

이 책은 교단 일기를 묶은 것이다. 첫 발령부터 지금까지 30년 넘게 교단 일기를 쓰며 쓰기의 괴로움과 즐거움을 맛보았다. 교실 수업이 잡지에 소개되고 단행본으로 묶여서 새로운 독자를 만날 수 있었다. 코로나 이후 클래스팅에 쓴 글은 실시간으로 아이들과 보호자를 연결하고 활발한 의사소통과 참여를 이끌었다.

글쓰기는 수업을 살아가는 교사의 한계를 자각하고 또한 새로운 가능성을 꾸준하게 열어 가는 과정이었다. 가르침에 대한 불안과 숙고가 교차하는 과정에서 아이들이 무엇을 어떻게 배웠는지, 어떤 성장이 있었는지를 발견하게 했다. 아이들의 질문에서 시작된 수업이 교과를 넘어 주제 중심의 통합된 배움으로 이행되는 것을 경험할 수 있었다.

독자들이 볼 때 이 책에 담긴 이야기는 초등 5학년 1반 교실에서 22명의 열두 살 아이들과 교사 한 사람에게 일어난 일면적 사건이다. 하지만 저자 입장에서는 내가 직접 겪은 경험인 동시에 온 나라 초등학교 교실에서 비슷한 모습으로 코로나 시기를 버텨 낸 삶의 기록이자 진실이 아닐까 생각한다.

서툰 원고를 읽고 용기를 준 오랜 벗 박진환 선생과 탁동철 선생, 출간을 제안하고 글들이 빛을 볼 수 있도록 도움을 아끼지 않은 서유재 김혜선 대표께 감사하다. '은경샘의 5학년 열두 달 이야기'를 응원해 준 교육

공동체 벗들과 학교시민교육전국네트워크(SCEN)와 초등 신호등 연구회 장경훈 선생과 모든 선생님께도 고마움을 전한다. 무엇보다 안산초등학교 5학년 1반 아이들과 선생님들 그리고 학부모님, 땅과 농기계와 씨앗과 거름을 나눠 주신 마을 분들께도 감사한 마음이 크다. 이분들의 격려와 믿음이 있어 교사로 자아와 정체성을 확장하며 지치지 않고 살아갈 수 있었다.

끝으로 아낌없는 사랑으로 돌봐주신 아버님과 어머님, 말없이 곁을 지켜 준 남편 안덕진 님과 은나라, 용수에게도 존경과 사랑의 마음을 전한다.

최은경

이게 뭐라고 이렇게 재밌지?

초판 1쇄 발행 2023년 9월 4일

지은이 최은경
펴낸이 김혜선 **펴낸곳** 서유재 **등록** 제2015-000217호
주소 (우)04091 서울 마포구 잔다리로7길 18(서교동 377-20) 403호
전화 070-5135-1866 **팩스** 0505-116-1866 **대표메일** outdoorlamp@hanmail.net
종이 엔페이퍼 **인쇄** 성광인쇄

ISBN 979-11-89034-73-3 03370

이 책은 저작권법에 따라 보호받는 저작물이므로 무단전재와 무단복제를 금합니다.
잘못 만든 책은 구입하신 서점에서 바꾸어 드립니다.
책값은 뒤표지에 있습니다.